拉存款 100 招（一）

立金银行培训中心　著

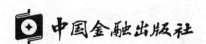
中国金融出版社

责任编辑：亓　霞　张清民
责任校对：孙　蕊
责任印制：张也男

图书在版编目（CIP）数据

拉存款 100 招（一）／立金银行培训中心著 . —北京：中国金融出版社，2018.5
ISBN 978 - 7 - 5049 - 9508 - 7

Ⅰ. ①拉…　Ⅱ. ①立…　Ⅲ. ①储蓄业务—基本知识　Ⅳ. ①F830.48

中国版本图书馆 CIP 数据核字（2018）第 055602 号

拉存款 100 招（一）
LACUNKUAN 100ZHAO（YI）

出版
发行 **中国金融出版社**

社址　北京市丰台区益泽路 2 号
市场开发部　（010）66024766，63805472，63439533（传真）
网 上 书 店　www. cfph. cn
　　　　　　　（010）66024766，63372837（传真）
读者服务部　（010）66070833，62568380
邮编　100071
经销　新华书店
印刷　北京市松源印刷有限公司
尺寸　169 毫米 ×239 毫米
印张　10.25
字数　194 千
版次　2018 年 5 月第 1 版
印次　2021 年 4 月第 4 次印刷
定价　38.00 元
ISBN 978 - 7 - 5049 - 9508 - 7
如出现印装错误本社负责调换　联系电话（010）63263947

前　言

　　立金银行培训中心一直在各家商业银行进行实务操作培训。如何让自己的存款快速增加，这是每家商业银行最关心的问题。在这里，立金银行培训中心与大家分享开展存款业务的诀窍。

一、小额存款靠资源

　　银行客户经理有些资源当然重要，有这些资源可以揽储一些小额存款，满足基本的银行客户经理考核需要，但是不可以作为依赖的手段。

　　这类关系型的存款极不稳定，属于过客型存款，存款客户的忠诚度较低，在各家银行之间游走，人走存款走。

二、中等规模存款靠银行产品

　　正确认识银行产品。银行产品就是工具，存款就是沉睡在地下的宝石，需要使用工具去挖掘。我们要去经营客户，而不是一味地销售产品。通过为客户创造价值，银行获得相应的回报。

　　吸收存款最重要的银行产品就是票据，银行承兑汇票和商业承兑汇票两种票据熠熠生辉，纵横四海。举个简单的例子：我曾经做过3年的银行客户经理，我最早营销的一个家电经销商当年销售规模超过10亿元。银行提供了一个非常简单的产品，可循环使用银行承兑汇票敞口额度。银行提供给客户3500万元银行承兑汇票额度，保证金比例为30%，要求企业15天内填满敞口；然后再次启用银行承兑汇票敞口额度，循环开票。很快，企业存款超过1.2亿元。

　　这就是正确选择客户和正确使用银行产品的魅力。

三、大额存款靠强大的服务能力

　　找到一个资金量充裕的行业，找准一个资金流量极大的客户，只要能够争取到这个客户的核心业务和经营现金流，存款过亿元非常容易。一个非常有实力的大型汽车经销商，一个销售规模领先的家电经销商，一个大型的煤贸企业，一个销售规模巨大的粮贸企业，只要能够将企业的核心经营现金流吸引过来，就会有非常可观的存款。

没有优质的服务，就不会有大额的存款。只有将存款业务渗透到各行各业认真研究透各行业的现金结算、资金管控规律，银行能够提供优质贴心的服务，存款才会真正沉淀于银行，就像生了根一样，茁壮成长。

目　录

第一招　开发公共资源交易中心存款

【目标对象】

存款的目标对象是当地的公共资源交易中心。公共资源交易中心资金量极大，属于银行最应下大力气开发的客户，一旦确定，资金会源源不断地流向银行。

【使用产品】

使用产品包括投标保证金贷款、履约保证金贷款、投标保函、履约保函、保证金监管账户。

1. 投标保证金贷款、履约保证金贷款。银行为公共资源交易中心开立保证金收款专户，此类账户资金量非常庞大。

2. 投标保函、履约保函。银行为参与公共资源交易中心招标的投标企业开立投标保函、履约保函业务，此类业务量也极为巨大。

3. 保证金监管账户。银行为公共资源交易中心开设各类保证金存管账户，专项用于各类项目保证金的收取。

【存款量分析】

存款量起步在5000万元以上，而且会非常稳定，存款量持续增长能力极强。公共资源交易中心不仅可贡献大额存款，而且还可以贡献极多的中小投标企业。

【开发难度】

公共资源交易中心属于典型的行政资源高度集中的焦点客户，有着充分的政府资金调度权限。开发较难，需要银行分行行长等高层参与。

【分析】

公共资源交易中心一般负责省市两级工程建设项目招投标、土地使用权和矿业权出让、国有产权交易、政府采购等公共资源交易及其他社会项目进场交易的综合服务，也负责省、市两级政府集中采购，还负责进场交易项目保证金管理工作。

公共资源交易中心服务内容：

1. 工程建设，如施工企业。

2. 政府采购，如办公用品。

3. 产权交易，如并购贷款。

4. 土地交易，如开发商。

5. 农村产权，如农村土地流转。

【案例】

××银行"××公共资源土地网上交易系统" 土地竞买保证金缴纳指南

尊敬的客户：

首先感谢您选择××银行缴纳土地竞买保证金。您通过"××公共资源交易中心电子交易平台"竞买土地时，会获得系统提供的账号信息。获得信息如下所示：

保证金金额	×××万元
保证金到账截止时间	20××年×月×日×时×分
收款人	交易系统提供的收款人名称
保证金账号	交易系统提供的保证金账号
开户行	交易系统提供的开户行

该表中信息是缴纳保证金的重要信息，请竞买人务必记录清楚，支付款项时请仔细核对您的保证金账号及收款人名称等信息，以免因填写错误而影响您的竞买！

提示信息：请竞买人根据所使用的支付方式的不同，合理把握资金到账时间，或者向您的开户银行咨询资金到账时间，同时可以通过"××公共资源交易中心电子交易平台"查询到账情况。务必注意保证金到账截止时间，截止时间之后入账的保证金，系统将不予确认，将导致您无法获得"网上交易系统"的竞买资格。该系统允许根据同一保证金账号多次汇入资金，系统自动以账户累计余额计算缴纳保证金总额。同时竞买多个地块的，"电子交易平台"会分别生成多个对应保证金账号，竞买者须按照对应的保证金账号分别汇入保证金，请您务必认真核对保证金账号和对应金额。

　　缴纳保证金时，付款人名称必须与竞买人名称完全一致（交款时，请将您在××公共资源交易中心登记的竞买人名称与您的开户银行账户名称进行核对，如不一致，请立即修改银行账户名称），否则缴入的款项无效。如果为联合竞买，必须按申请时填写的联合竞买各方的名称按时足额缴纳保证金，否则缴入的款项无效。

　　在获得保证金账户信息之后，竞买人可以选择以下方式缴纳保证金。

一、使用转账支票缴纳竞买保证金

　　适用范围：开户银行在××地区的竞买人。

　　竞买人开出转账支票并填写进账单（收款人信息根据网上交易系统提供的保证金账号、户名、开户行填写），到您开户的银行办理转账业务。

二、使用电汇缴纳竞买保证金

　　适用范围：所有竞买人，不受开户银行所在地的限制。

　　竞买人填写电汇凭证（收款人信息根据网上交易系统提供的保证金账号、户名、开户行填写），到您开户的银行办理电汇业务。

三、以网银方式缴纳竞买保证金

　　适用范围：通过网上银行缴纳保证金的竞买人。

　　竞买人若通过网上银行系统缴纳保证金（收款人信息根据网上交易系统提供的保证金账号、户名、开户行填写），请按照您所使用的网银操作方法进行。

　　注：

　　竞买保证金账户名：××市国土资源局保证金专户

　　竞买保证金开户行：××银行合肥分行营业部

　　竞买保证金账号：由"电子交易平台"自动生成

　　温馨提示：

　　1. 请竞买人严格按照竞买保证金缴纳指南中的方法及时足额缴纳竞买保证金，如因填单不规范或付款流程操作有误造成保证金未能及时到账而影响竞买，由竞买人自行承担责任。

　　2. 请向您的开户行咨询您所使用的保证金缴纳方式以及资金到账时间，保证金到账时间以收款人开户银行入账的时间为准。

　　3. 竞买人可在网上交易系统"保证金查询"中查询到账情况，如未查询到保证金信息，请及时与保证金缴纳银行联系，以免贻误竞买。

4. 竞买人应尽量避免在缴纳保证金截止日汇入资金，应充分考虑资金在途时间，以免贻误竞买。

5. 竞买人应充分考虑保证金缴纳时间段内的节假日因素，确保在工作日内及时汇出并保证到账。

××银行××分行营业部

履约保证金退还申请

××公共资源交易中心：

我公司于____年____月____日向贵中心缴纳的_____
（项目名称）_____（项目编号）履约保证金计_____元（人民币大写：_____），按合同约定已到期，并无质量缺陷，请予退还。

公司名称：_____

开户行全称：_____

账号：_____

联系人：

联系人电话（手机）：

用户（合同甲方）意见：

用户（合同甲方）公章：

投标单位公章：

年　　月　　日

第二招　地方政府产业投资基金存款

【目标对象】

目标对象是当地市政府发展改革委和基金公司

【产业投资基金的定义】

产业投资基金（或简称产业基金），是指一种对未上市企业进行股权投资和提供经营管理服务的利益共享、风险共担的集合投资制度，即通过向多数投资者发行基金份额设立基金公司，由基金公司自任基金管理人或另行委托基金管理人管理基金资产，委托基金托管人托管基金资产，从事创业投资、企业重组投资和基础设施投资等实业投资。

按投资领域不同，产业投资基金可分为创业投资基金、企业重组投资基金、基础设施投资基金等类别。

有限合伙型产业投资基金由普通合伙人和有限合伙人组成。普通合伙人通常是资深的基金管理人或运营管理人，负责有限合伙基金的投资，一般在有限合伙基金的资本中占有很小的份额。而有限合伙人主要是机构投资者，它们是投资基金的主要提供者。有限合伙基金一般有固定的存续期，也可以根据条款延长存续期。通常情况下，有限合伙人实际上放弃了对有限合伙基金的控制权，只保留一定的监督权，将基金的运营交给普通合伙人负责。普通合伙人的报酬结构以利润分成为主要形式。

典型的有限合伙型产业投资基金结构可分为三层：一是银行、保险等低成本资金所构成的优先层；二是基金发起人的资金所构成的劣后层；三是夹层资金所构成的中间层。优先层承担最小风险，同时作为杠杆，提高了中间层和劣后层的收益。通过这种设计，有限合伙型产业投资基金在承担合理风险的同时，能够为投资者带来较高的收益。

【产业投资基金能帮助政府解决的问题】

产业投资基金本质上是一种融资媒介，政府通过成立基金，吸引社会资本以股权形式介入项目公司，参与基建类项目的建设和运营，可以帮助政府解决三个问题。

1. 解决新建项目融资问题。对于新建类项目，政府可以发起母基金，吸引银行、保险等金融机构和实业资本提供项目建设所需要的资金，解决当前建设资金不足的问题。

2. 解决存量项目债务问题。对于存量的项目，可以通过 TOT、ROT 等方式，由产业投资基金设立的项目公司接手具体项目运营。尤其是对于已到回购期的 BT 类项目，原先政府的付费期是 3~5 年，产业投资基金介入项目后，政府通过授予特许经营权，政府的补贴或支付期限可以延长到 10 年甚至更长，大大减轻了政府的短期偿债压力。

3. 解决城投公司资产负债约束问题。过去绝大多数基建类项目由城投公司负责融资、建设和运营，城投公司直接融资会造成资产负债表膨胀，提高城投公司的资产负债率，从而影响企业的银行贷款和债券发行。城投公司通过发起设立产业投资基金，以基金的形式筹集资金，可以实现表外化的融资，降低城投公司的资产负债率。

在实践中，很多省、市以地方财政投入启动资金，引入金融资本成立产业投资基金。具体操作形式是，金融机构与省级地方政府共同合作设立母基金，再和地方企业（很多情况下是原融资平台）合资成立项目公司或子基金，负责基础设施建设的投资。金融机构一般采用分期募集资金或者用理财资金对接的形式作为基金的有限合伙方的出资。子基金或项目公司作为种子项目投资运作主体，对城市发展相关产业进行市场化运作，自担风险，自负盈亏。

在传统的平台投融资模式下，地方政府以自身信用为平台公司的投融资项目承担隐性担保。而在产业投资基金模式下，地方财政以较小比例的股权加入投融资项目，对特许经营项目收取附带权益，有助于解决地方基建融资问题，提高财政资金的使用效益。

【使用产品】

1. 帮助政府募集产业基金，帮助托管产业基金。银行具备极强的资金募集能力，而且可以进行商业化运作，宜于产业基金的募集。地方政府都热衷于设立各类基金，通过基金支持本地重点项目建设。

2. 资金监管。政府设立的各类专项基金都必须设立专户进行管理，此类基金量较大，会给银行带来可观的存款沉淀。

3. PPP 项目贷款。政府设立的专项基金很多定向投资于 PPP 项目，银行可以积极涉入其中的 PPP 项目贷款。

4. 委托贷款。政府产业基金都是以有限合伙企业形式存在的，属于独立法人性质，可以操作委托贷款，将贷款资金运用于确定的项目。

【存款量分析】

1. 存款量起步在10000万元以上，而且存款极为稳定，对银行综合收益贡献极大。政府使用基金的效率不高，往往是热衷于募集资金，而使用资金的进度较为缓慢。

2. 银行在整个交易过程中可收取财务顾问费，通过委托贷款可收取手续费，还可以收取收支账户监管费和资产服务费。而对地方政府而言，这种以股权融资性质的、能降低负债率的融资模式自然受到青睐。

【开发难度】

1. 开发难度较大，需要较强的公关能力，需要分行高层带队公关，需要总行批准方可实施。

2. 需要分行在总行有着极强的协调能力，能够协调总行发售产业投资基金，进行资金募集。

【分析】

地方政府的平台公司负责政府产业投资基金的专项使用，政府产业投资基金往往对收益要求极低。政府产业投资基金是利用政府信用募集的，往往较为容易。

【政府融资模式比较】

序号 项目	融资模式	属性	特点
1	平台直接贷款	表内融资	成本高
2	PPP融资	项目融资	使用复杂，成本高
3	城市发展基金	表外融资	成本低，银行理财资金
4	发债	表外融资	成本低，受到控制

【政府引导基金主要投向】

政府引导基金主要投向：一是土地开发、棚改、保障房建设、"三旧"改造、产业园区建设等与土地开发有关的项目；二是有现金流或纯公益性的路桥、港口、机场、水务、清洁能源等项目；三是产业转型升级过程中有资金需求的相关企业。

1. 通常方式。银行、保险、券商或信托等金融机构募集社会资金作为优先级投资人，政府委托单位或企业作为劣后级投资人，委托专业的基金管理人进行管理，以债或股的形式投资于特定的项目，并约定退出渠道和担保方式。

2. 资金供给方式。金融机构与地方政府合作，由政府委托单位作为劣后级投资人的基金，被称为城市发展基金。这类基金目前能为基础设施建设、PPP项目提供长期的低成本资金，也能为上市公司定增或企业海外并购提供配套资金。

产业投资基金的资金来源渠道是多样化的，除银行理财和自营资金外，还有保险和券商等机构的资金。

银行收益。银行以产业投资基金作为投行业务的重点领域，带动本行负债业务和中间业务收入的增长。产业投资基金所涉及的主要领域为基础设施建设、PPP项目投资、上市公司定增、海外并购等。

3. 产业业务基金退出方式。主要有委托贷款还款、回购股权、受让有限合伙份额、补足收益等。当下项目的基金直投也主要以阶段性地持股为主，各方会约定基金到期后（一般以5~7年为主）的退出渠道。

【地方政府产业投资基金设立流程】

1. 设立产业投资基金须经国家发展改革委核准。

2. 申请设立产业投资基金；发起人应当向管理机关提交必要的文件和资料。

3. 设立产业投资基金的申请经管理机关核准后，方可开展募集工作。

4. 产业投资基金只能向确定的投资者发行基金份额。在募集过程中，发起人须让投资者获悉招募说明书内容并签署认购承诺书，投资者签署的认购承诺书经管理机关核准后方可向投资者发行基金份额。投资者数目不得多于200人。

5. 产业投资基金拟募集规模不低于1亿元。

6. 投资者所承诺的资金可以分三期到位，但首期到位资金不得低于基金拟募集规模的50%。否则，该基金不能成立，发起人须承担募集费用，并将已募集的资金加计银行活期存款利息在30天以内退还给认购人。投资者承诺资金到位后，须在10个工作日以内经法定的验资机构验资，再向工商管理机构申请注册并报管理机关备案。

7. 产业投资基金须按封闭式设立，即事先确定发行总额和存续期限，在存续期内基金份额不得赎回，只能转让。产业投资基金存续期限不得短于 10 年，不得长于 15 年。但是因管理不善或其他原因，经基金公司股东大会批准和管理机关核准提前终止者，以及经基金公司股东大会批准和管理机关核准可以续期者除外。

【基金运作模式分析】

通常产业投资基金收益包括基金本身的收益和项目相关收益。

基金本身的收益即通过所投资的项目公司或子基金每年股权分红及项目公司的清算、股权转让、资本市场上市等获得基金股权投资本金和收益的回流。

项目相关的收益即政府授予特定区域内的各种经营特许权的经营收益，包括城市区域综合开发所得收益、基础设施运营收益以及特色产业发展收益等。

【案例】

某银行参与产业投资基金

2015 年 2 月，××基金管理有限公司与××市轨道交通集团签署了××城市发展产业基金合作框架协议，基金总规模达 100 亿元，将投资于××轨道交通工程等项目。该基金采用 PPP 模式，由××基金全资子公司××财富资产管理有限公司通过设立专项资管计划，与××市政府共同出资成立"×××城市产业发展投资基金"有限合伙企业。××财富资产管理有限公司和××轨道交通集团各出资70%和30%，分别担任优先级有限合伙人和劣后级有限合伙人，××轨道交通集团按协议定期支付收益给优先级有限合伙人，并负责在基金到期时对优先级合伙人持有的权益进行回购，××市政府提供财政贴息保障。

第三招　上市公司募集资金托管专户存款

【目标对象】

目标对象为上市公司。按照相关金融法律法规，上市公司募集的资金需要存放于托管银行，并实行专款专用。

银行获客渠道包括大型券商投行部、本地政府上市办等机构。大型券商投行部往往掌握了极多的待上市公司资源。券商与银行的利益诉求不同，券商的利益诉求主要是手续费，银行的利益诉求主要是存款，两者有极好的互补性。

【使用产品】

1. 资金存管。

（1）开立专用账户对上市公司募集的资金进行存管，并严格实行专款专用；

（2）依法保障股民投资资金按照规定用途使用；

（3）及时准确办理上市公司支付结算业务；

（4）为保荐代表人提供募集资金专用账户查询资料。

2. 理财服务。银行为上市公司募集的资金提供理财服务，帮助上市公司获得资金增值服务。

3. 银票替代直接支付现款。上市公司可以将募集的资金存入银行，在银行办理全额保证金银行承兑汇票，以银行承兑汇票替代原来现款支付的资金用途。

4. 并购贷款。上市公司为了不断增加市值，有大量并购贷款的需求，可以为银行提供源源不断的投行业务机会。

【存款量分析】

存款量起步在 20000 万元以上，上市公司募集的资金量非常巨大，根据监管规定，必须进行资金监管。

上市公司后续还有定向增发等募集资金的手段，可以持续为银行提供存款。

【开发难度】

1. 需要银行客户经理积极培育与券商的人脉资源。所有公司的上市都离不开券商，大型券商有着极为丰富的上市公司高管资源。

2. 需要银行通过相关部门了解本地有潜力上市的公司资源。

【分析】

上市公司必须通过银行对募集资金进行托管。募集资金专户是指银行为上市公司开立的专用账户，对通过公开发行证券（包括首次公开发行的股票、配股、增发、发行可转换公司债券等）以及非公开发行股票向投资者募集并用于特定用途的资金进行存放和管理。

【政策依据】

上市公司监管指引第 2 号
——上市公司募集资金管理和使用的监管要求

（2012 年 12 月 19 日证监会公告第 44 号）

一、上市公司董事会应当对募集资金投资项目的可行性进行充分论证，确信投资项目具有较好的市场前景和盈利能力，有效防范投资风险，提高募集资金使用效益。

二、上市公司的董事、监事和高级管理人员应当勤勉尽责，督促上市公司规范使用募集资金，自觉维护上市公司募集资金安全，不得参与、协助或纵容上市公司擅自或变相改变募集资金用途。

三、上市公司应当建立并完善募集资金存储、使用、变更、监督和责任追究的内部控制制度，明确募集资金使用的分级审批权限、决策程序、风险控制措施及信息披露要求。

四、上市公司应当将募集资金存放于经董事会批准设立的专项账户集中管理和使用，并在募集资金到位后一个月内与保荐机构、存放募集资金的商业银行签订三方监管协议。募集资金专项账户不得存放非募集资金或用作其他用途。

五、上市公司募集资金应当按照招股说明书或募集说明书所列用途使用。上市公司改变招股说明书或募集说明书所列资金用途的，必须经股东大会作出决议。

六、上市公司募集资金原则上应当用于主营业务。除金融类企业外，募集资金投资项目不得为持有交易性金融资产和可供出售的金融资产、借予他人、委托理财等财务性投资，不得直接或间接投资于以买卖有价证券为主要业务的公司。

七、暂时闲置的募集资金可进行现金管理，其投资的产品须符合以下条件：

（一）安全性高，满足保本要求，产品发行主体能够提供保本承诺；

（二）流动性好，不得影响募集资金投资计划正常进行。

投资产品不得质押，产品专用结算账户（如适用）不得存放非募集资金或用作其他用途，开立或注销产品专用结算账户的，上市公司应当及时报交易所备案并公告。

使用闲置募集资金投资产品的，应当经上市公司董事会审议通过，独立董事、监事会、保荐机构发表明确同意意见。上市公司应当在董事会会议后2个交易日内公告下列内容：

（一）本次募集资金的基本情况，包括募集时间、募集资金金额、募集资金净额及投资计划等；

（二）募集资金使用情况；

（三）闲置募集资金投资产品的额度及期限，是否存在变相改变募集资金用途的行为和保证不影响募集资金项目正常进行的措施；

（四）投资产品的收益分配方式、投资范围及安全性；

（五）独立董事、监事会、保荐机构出具的意见。

八、暂时闲置的募集资金可暂时用于补充流动资金。暂时补充流动资金，仅限于与主营业务相关的生产经营使用，不得通过直接或间接安排用于新股配售、申购，或用于股票及其衍生品种、可转换公司债券等的交易。

闲置募集资金暂时用于补充流动资金的，应当经上市公司董事会审议通过，独立董事、监事会、保荐机构发表明确同意意见并披露。单次补充流动资金最长不得超过12个月。

九、上市公司实际募集资金净额超过计划募集资金金额的部分（下称超募资金）可用于永久补充流动资金和归还银行借款，每12个月内累计金额不得超过超募资金总额的30％。

超募资金用于永久补充流动资金和归还银行借款的，应当经上市公司股东大会审议批准，并提供网络投票表决方式，独立董事、保荐机构应当发表明确同意意见并披露。上市公司应当承诺在补充流动资金后的 12 个月内不进行高风险投资以及为他人提供财务资助并披露。

十、上市公司以自筹资金预先投入募集资金投资项目的，可以在募集资金到账后 6 个月内，以募集资金置换自筹资金。置换事项应当经董事会审议通过，会计师事务所出具鉴证报告，并由独立董事、监事会、保荐机构发表明确同意意见并披露。

十一、上市公司应当真实、准确、完整地披露募集资金的实际使用情况。董事会应当每半年度全面核查募集资金投资项目的进展情况，出具《公司募集资金存放与实际使用情况的专项报告》并披露。年度审计时，上市公司应聘请会计师事务所对募集资金存放与使用情况出具鉴证报告。

募集资金投资项目实际投资进度与投资计划存在差异的，上市公司应当解释具体原因。当期存在使用闲置募集资金投资产品情况的，上市公司应当披露本报告期的收益情况以及期末的投资份额、签约方、产品名称、期限等信息。

十三、保荐机构应当按照《证券发行上市保荐业务管理办法》的规定，对上市公司募集资金的管理和使用履行保荐职责，做好持续督导工作。保荐机构应当至少每半年度对上市公司募集资金的存放与使用情况进行一次现场核查。每个会计年度结束后，保荐机构应当对上市公司年度募集资金存放与使用情况出具专项核查报告并披露。

【案例】

深圳市××科技股份有限公司
关于签署募集资金三方监管协议的公告

一、募集资金基本情况

深圳市××科技股份有限公司（以下简称公司）经中国证券监督管理委员会《关于核准深圳市××科技股份有限公司首次公开发行股票的批复》核准，获准向社会公开发行人民币普通股（A 股）股票 2000 万股，每股面值 1 元，每股发行价格为 14.37 元，募集资金总额为 28740.00 万元，扣除发行费用总额 3777.61 万元，实际募集资金净额为 24962.39 万元。上述募集资金于 2017 年 2 月 9 日全部到账，并经立信会计师事务所（特殊普通合伙）审验，出具了《验资报告》。

二、募集资金三方监管协议的签署情况

2017 年 3 月 2 日公司与××银行深圳分行高新园支行及保荐机构××证券有限责任公司（以下简称××证券）签署了《募集资金三方监管协议》。2017 年 3 月 6 日公司、子公司苏州××新精密机械有限公司与××银行股份有限公司深圳南山科技支行、××银行股份有限公司苏州吴中支行及保荐机构××证券分别签署了《募集资金三方监管协议》。公司募集资金专用账户（以下简称专户）的开立及存储情况如下：

注：募集资金专户一主要用于募集资金验资和临时性存储，扣除发行费用后的募集资金净额为 24962.39 万元，已分别转入募集资金专户二 469.39 万元和募集资金专户三 24493 万元。截至 2017 年 3 月 6 日募集资金专户一的余额为零，该账户将于近期注销。

三、募集资金三方监管协议的主要内容

1. 甲方在乙方开设专户，该专户仅用于甲方首次公开发行股票募集资金及其投资项目的存储和使用，不得用作其他用途。

2. 甲乙双方应共同遵守《中华人民共和国票据法》《支付结算办法》《人民币银行结算账户管理办法》等法律、行政法规、部门规章。

3. 丙方作为甲方的保荐机构，应当依据有关规定指定保荐代表人或者其他工作人员对甲方募集资金使用情况进行监督。丙方应当依据《深圳证券交易所创业板上市公司规范运作指引（2015 年修订）》（深证上〔2015〕65 号）以及甲方制定的募集资金管理制度履行其督导职责，并有权采取现场调查、书面问询等方式行使其监督权。甲方和乙方应当配合丙方的调查与查询。丙方每季度对甲方现场调查时应同时检查募集资金专户存储情况。

4. 甲方授权丙方指定的保荐代表人随时到乙方查询、复印甲方的专户资料；乙方应当及时、准确、完整地向其提供所需的有关专户资料。保荐代表人向乙方查询甲方专户有关情况时应当出具本人的合法身份证明；丙方指定的其他工作人员向乙方查询甲方专户有关情况时应当出具本人的合法身份证明和单位介绍信。

5. 乙方按月（每月 10 日之前）向甲方出具对账单，并抄送丙方。乙方应保证对账单内容真实、准确、完整。

6. 甲方一次或者 12 个月以内累计从专户中支取的金额超过 1000 万元的，甲方及乙方应当及时以传真方式以及电话方式通知丙方，同时提供专户的支出清单。

深圳市××科技股份有限公司董事会

2017 年 3 月 6 日

信息披露业务备忘录

为规范上市公司募集资金使用相关行为，根据《证券法》《上市公司证券发行管理办法》《深圳证券交易所股票上市规则（2008 年修订）》《深圳证券交易所主板上市公司规范运作指引》等有关规定，制定本业务备忘录。

根据《深圳证券交易所主板上市公司规范运作指引》第 6.2.2 条的规定，上市公司应当在募集资金到位后一个月内与保荐机构、存放募集资金的商业银行（以下简称商业银行）签订三方监管协议。

协议至少应当包括下列内容：

（一）上市公司应当将募集资金集中存放于专户；

（二）募集资金专户账号、该专户涉及的募集资金项目、存放金额；

（三）上市公司一次或 12 个月内累计从该专户中支取的金额超过 5000 万元或该专户总额的 20% 的，上市公司及商业银行应当及时通知保荐机构；

（四）商业银行每月向上市公司出具银行对账单，并抄送保荐机构；

（五）保荐机构可以随时到商业银行查询专户资料；

（六）保荐机构每季度对上市公司现场调查时应当同时检查募集资金专户存储情况；

（七）保荐机构的督导职责、商业银行的告知及配合职责、保荐机构和商业银行对上市公司募集资金使用的监管方式；

（八）上市公司、商业银行、保荐机构的权利、义务和违约责任；

（九）商业银行三次未及时向保荐机构出具对账单或通知专户大额支取情况，以及存在未配合保荐机构查询与调查专户资料情形的，上市公司可以终止协议并注销该募集资金专户。

募集资金三方监管协议（样本）

甲方：＿＿＿＿＿＿＿＿＿＿＿＿＿股份有限公司（以下简称甲方）

乙方：＿＿＿＿＿＿＿银行＿＿＿＿＿＿分行（以下简称乙方）

丙方：＿＿＿＿＿＿＿＿＿＿＿（保荐机构）（以下简称丙方）

注释：协议甲方是实施募集资金投资项目的法人主体，如果募集资金投资项目由上市公司直接实施，则上市公司为协议甲方，如果由子公司或上市公司控制的其他企业实施，则上市公司及该子公司或上市公司控制的其他企业为协议甲方。

本协议需以《深圳证券交易所主板上市公司规范运作指引》以及上市公司制定的募集资金管理制度中相关条款为依据制定。

为规范甲方募集资金管理，保护中小投资者的权益，根据有关法律法规及《深圳证券交易所主板上市公司规范运作指引》的规定，甲、乙、丙三方经协商，达成如下协议：

一、甲方已在乙方开设募集资金专项账户（以下简称专户），账号为＿＿＿＿＿＿＿＿＿，截至＿＿＿年＿＿＿月＿＿＿日，专户余额为＿＿＿＿＿＿万元。该专户仅用于甲方＿＿＿＿＿＿＿＿＿＿＿项目、＿＿＿＿＿＿＿＿＿＿项目募集资金的存储和使用，不得用作其他用途。

甲方以存单方式存放的募集资金＿＿＿＿＿＿万元（若有），开户日期为20＿＿＿年＿＿＿月＿＿＿日，期限＿＿＿个月。甲方承诺上述存单到期后将及时转入本协议规定的募集资金专户进行管理或以存单方式续存，并通知丙方。甲方存单不得质押。

二、甲乙双方应当共同遵守《中华人民共和国票据法》《支付结算办法》《人民币银行结算账户管理办法》等法律、法规、规章。

三、丙方作为甲方的保荐机构，应当依据有关规定指定保荐代表人或其他工作人员对甲方募集资金使用情况进行监督。丙方应当依据《深圳证券交易所主板上市公司规范运作指引》以及甲方制定的募集资金管理制度履行其督导职责，并可以采取现场调查、书面问询等方式行使其监督权。甲方和乙方应当配合丙方的调查与查询。丙方每季度对甲方现场调查时应当同时检查募集资金专户存储情况。

四、甲方授权丙方指定的保荐代表人_____、_____可以随时到乙方查询、复印甲方专户的资料；乙方应当及时、准确、完整地向其提供所需的有关专户的资料。

保荐代表人向乙方查询甲方专户有关情况时应当出具本人的合法身份证明；丙方指定的其他工作人员向乙方查询甲方专户有关情况时应当出具本人的合法身份证明和单位介绍信。

五、乙方按月（每月____日前）向甲方出具对账单，并抄送丙方。乙方应当保证对账单内容真实、准确、完整。

六、甲方一次或12个月内累计从专户中支取的金额超过5000万元或募集资金总额的20%的，乙方应当及时以传真方式通知丙方，同时提供专户的支出清单。

七、丙方有权根据有关规定更换指定的保荐代表人。丙方更换保荐代表人的，应当将相关证明文件书面通知乙方，同时按本协议第十一条的要求书面通知更换后保荐代表人的联系方式。更换保荐代表人不影响本协议的效力。

八、乙方连续三次未及时向丙方出具对账单或向丙方通知专户大额支取情况，以及存在未配合丙方调查专户情形的，甲方或者丙方可以要求甲方单方面终止本协议并注销募集资金专户。

九、本协议自甲、乙、丙三方法定代表人或其授权代表签署并加盖各自单位公章之日起生效，至专户资金全部支出完毕并依法销户之日起失效。

丙方义务至持续督导期结束之日，即20____年12月31日解除。

十、本协议一式____份，甲、乙、丙三方各持一份，向深圳证券交易所、中国证监会____监管局各报备一份，其余留甲方备用。

十一、联系方式：

1. _____股份有限公司（甲方）

地　　址：_____

邮　　编：_____

传　　真：_____

联系人：_____

电　　话：_____

手　机：＿＿＿＿＿＿＿＿＿＿＿

E－mail：＿＿＿＿＿＿＿＿＿＿＿

2. ＿＿＿＿＿＿＿＿＿银行＿＿＿＿＿＿＿＿＿分行（乙方）

地　址：＿＿＿＿＿＿＿＿＿＿＿

邮　编：＿＿＿＿＿＿＿＿＿＿＿

传　真：＿＿＿＿＿＿＿＿＿＿＿

联系人：＿＿＿＿＿＿＿＿＿＿＿

电　话：＿＿＿＿＿＿＿＿＿＿＿

手　机：＿＿＿＿＿＿＿＿＿＿＿

E－mail：＿＿＿＿＿＿＿＿＿＿＿

3. ＿＿＿＿＿＿＿＿＿＿＿（保荐机构）（丙方）

地　址：＿＿＿＿＿＿＿＿＿＿＿

邮　编：＿＿＿＿＿＿＿＿＿＿＿

保荐代表人 A：＿＿＿＿＿＿＿＿＿

身份证号码：＿＿＿＿＿＿＿＿＿

电　话：＿＿＿＿＿＿＿＿＿＿＿

手　机：＿＿＿＿＿＿＿＿＿＿＿

E－mail：＿＿＿＿＿＿＿＿＿＿＿

传　真：＿＿＿＿＿＿＿＿＿＿＿

保荐代表人 B：＿＿＿＿＿＿＿＿＿

身份证号码：＿＿＿＿＿＿＿＿＿

电　话：＿＿＿＿＿＿＿＿＿＿＿

手　机：＿＿＿＿＿＿＿＿＿＿＿

E－mail：＿＿＿＿＿＿＿＿＿＿＿

传　真：＿＿＿＿＿＿＿＿＿＿＿

协议签署：＿＿＿＿＿＿＿＿＿＿

甲方：＿＿＿＿＿＿＿＿＿＿＿股份有限公司（盖章）

法定代表人或授权代表：＿＿＿＿＿＿＿＿＿

＿＿＿年＿＿月＿＿日

法定代表人或授权代表：

乙方：＿＿＿＿＿银行＿＿＿＿＿分行＿＿＿＿＿支行（盖章）

法定代表人或授权代表：＿＿＿＿＿＿＿＿＿＿＿＿＿＿

＿＿＿年＿＿＿月＿＿＿日

丙方：＿＿＿＿＿＿＿＿证券（股份）有限公司（盖章）

法定代表人或授权代表：＿＿＿＿＿＿＿＿＿＿＿＿＿＿

＿＿＿年＿＿＿月＿＿＿日

【点评】

　　上市公司募集资金监管不是大型银行的专利，小型银行同样可以积极争夺，市场上经常见到很多小型银行成功开发上市公司的募集资金，关键是信息要早、要及时，在上市公司募集资金的早期就上手开发。

第四招　人民法院诉讼费专户存款

【目标对象】

法院诉讼费专户存款的目标对象为地方法院。

各地法院在处理各类经济纠纷时，要求起诉人必须交存诉讼费以及收取的当事人的财产保全保证金，并进行专户管理，此类资金沉淀稳定，资金量较大。

【使用产品】

1. 财政非税专户。诉讼费属于地方政府非税收入的一部分，需要专户存储。政府对资金的安全、资金的及时性有较高的要求，通常对资金的增值要求较低。

2. 资金对账服务。法院需要银行定期提供对账服务，能够对账户资金明细提供清晰的对账服务，方便各类法院管理各类诉讼费。

【存款量分析】

存款量起步在 1000 万元以上，经济活跃的城市，法院处理的经济纠纷较多，此项收入丰厚。

【开发难度】

开发难度适中，需要通过相关机构协助开发。

【分析】

根据《民事诉讼法》第一百一十八条规定：当事人进行民事诉讼，应当按照规定交纳案件受理费。财产案件除交纳案件受理费外，还按照规定交纳其他诉讼费用。

人民法院诉讼费专户收费标准

案件受理费		
离婚案件	每件 50 元至 300 元	涉及财产分割，财产总额不超过 20 万元的，不另行交纳；超过 20 万元的部分按照 0.5% 交纳

续表

案件受理费		
侵害姓名权、名称权、肖像权、名誉权、荣誉权及其他人格权的案件	每件 100 元至 500 元	涉及损害赔偿，赔偿金额不超过 5 万元的，不另行交纳；超过 5 万元至 10 万元的部分，按照 1% 交纳；超过 10 万元的部分，按照 0.5% 交纳
其他非财产案件	每件 50 元至 100 元	
劳动争议案件	每件 10 元	
知识产权民事案件	每件 500 元至 1000 元	有争议金额的按财产案件收费标准交纳
商标、专利、海事行政案件	每件交纳 100 元	
其他行政案件	每件交纳 50 元	
当事人提出案件管辖权异议不成立的	每件交纳 50 元至 100 元	
财产案件收费（根据诉讼请求的金额或者价额，按照右侧比例分段累计交纳）	不超过 1 万元的部分	每件交纳 50 元
	1 万元至 10 万元的部分	按照 2.5% 交纳
	10 万元至 20 万元的部分	按照 2% 交纳
	20 万元至 50 万元的部分	按照 1.5% 交纳
	50 万元至 100 万元的部分	按照 1% 交纳
	100 万元至 200 万元的部分	按照 0.9% 交纳
	200 万元至 500 万元的部分	按照 0.8% 交纳
	500 万元至 1000 万元的部分	按照 0.7% 交纳
	1000 万元至 2000 万元的部分	按照 0.6% 交纳
	超过 2000 万元的部分	按照 0.5% 交纳
申请费		
申请执行人民法院发生法律效力的判决、裁定、调解书，仲裁机构依法作出的裁决和调解书，公证机关依法赋予强制执行效力的债权文书，申请承认和执行外国法院判决、裁定以及国外仲裁机构裁决的，按照下列标准交纳	没有执行金额或者价额的	每件交纳 50 元至 500 元
	执行金额或者价额不超过 1 万元的	每件交纳 50 元
	超过 1 万元至 50 万元的部分	按照 1.5% 交纳
	超过 50 万元至 500 万元的部分	按照 1% 交纳
	超过 500 万元至 1000 万元的部分	按照 0.5% 交纳
	超过 1000 万元的部分	按照 0.1% 交纳
	符合《民事诉讼法》第五十四条第四款规定，未参加登记的权利人向人民法院提起诉讼的，按照本项规定的标准交纳申请费，不再交纳案件受理费	

续表

申请费		
申请保全措施的，根据实际保全的财产数额按照下列标准交纳	财产数额不超过 1000 元或者不涉及财产数额的	每件交纳 30 元
	超过 1000 元至 10 万元的部分	按照 1% 交纳
	超过 10 万元的部分	按照 0.5% 交纳
	但是，当事人申请保全措施交纳的费用最多不超过 5000 元	
依法申请支付令的	比照财产案件受理费标准的 1/3 交纳	
依法申请公示催告的	每件交纳 100 元	
申请撤销仲裁裁决或者认定仲裁协议效力的	每件交纳 400 元	
破产案件	依据破产财产总额计算，按照财产案件受理费标准减半交纳	但是，最高不超过 30 万元
海事案件的申请费按照下列标准交纳	申请设立海事赔偿责任限制基金的	每件交纳 1000 元至 1 万元
	申请海事强制令的	每件交纳 1000 元至 5000 元
	申请船舶优先权催告的	每件交纳 1000 元至 5000 元
	申请海事债权登记的	每件交纳 1000 元
	申请共同海损理算的	每件交纳 1000 元
其他诉讼费用		
以调解方式结案或者当事人申请撤诉的，减半交纳案件受理费		
适用简易程序审理的案件减半交纳案件受理费		
对财产案件提起上诉的，按照不服一审判决部分的上诉请求数额交纳案件受理费		
被告提起反诉、有独立请求权的第三人提出与本案有关的诉讼请求，人民法院决定合并审理的，分别减半交纳案件受理费		
依照《诉讼费用交纳办法》第九条规定需要交纳案件受理费的再审案件，按照不服原判决部分的再审请求数额交纳案件受理费		

诉讼费包括以下两个方面：

1. 案件受理费。案件受理费就是人民法院决定受理当事人提出的诉讼后，依法向当事人收取的费用。

案件受理费可分为：

（1）非财产案件受理费，如离婚、侵犯公民肖像权、名誉权等因人身关系或非财产关系提起的诉讼时，人民法院依法向当事人收取的费用。

（2）财产案件受理费，如债务、经济合同纠纷等因财产权益争议提起诉讼时，人民法院依法向当事人收取的费用。

2. 其他诉讼费用。人民法院除了向当事人收取案件受理费外，还应收取在审理案件及处理其他事项时实际支出的费用。

其他诉讼费用主要包括：

（1）勘验费、鉴定费、公告费、翻译费（当地通用的民族语言、文字除外）。

（2）证人、鉴定人、翻译人员在人民法院决定开庭日期出庭的交通费、住宿费、生活费和误工补贴费。

（3）采用诉讼保全措施的申请费和实际支出的费用。

（4）执行判决、裁定或者调解协议所实际支出的费用。

（5）人民法院认为应当由当事人负担的其他诉讼费用。

【政策依据】

诉讼费用交纳办法（节选）
中华人民共和国国务院令第 481 号

第二条　当事人进行民事诉讼、行政诉讼，应当依照本办法交纳诉讼费用。

本办法规定可以不交纳或者免予交纳诉讼费用的除外。

第三条　在诉讼过程中不得违反本办法规定的范围和标准向当事人收取费用。

第六条　当事人应当向人民法院交纳的诉讼费用包括：

（一）案件受理费；

（二）申请费；

（三）证人、鉴定人、翻译人员、理算人员在人民法院指定日期出庭发生的交通费、住宿费、生活费和误工补贴。

第七条　案件受理费包括：

（一）第一审案件受理费；

（二）第二审案件受理费；

（三）再审案件中，依照本办法规定需要交纳的案件受理费。

第八条 下列案件不交纳案件受理费：

（一）依照民事诉讼法规定的特别程序审理的案件；

（二）裁定不予受理、驳回起诉、驳回上诉的案件；

（三）对不予受理、驳回起诉和管辖权异议裁定不服，提起上诉的案件；

（四）行政赔偿案件。

第九条 根据民事诉讼法和行政诉讼法规定的审判监督程序审理的案件，当事人不交纳案件受理费。但是，下列情形除外：

（一）当事人有新的证据，足以推翻原判决、裁定，向人民法院申请再审，人民法院经审查决定再审的案件；

（二）当事人对人民法院第一审判决或者裁定未提出上诉，第一审判决、裁定或者调解书发生法律效力后又申请再审，人民法院经审查决定再审的案件。

第十条 当事人依法向人民法院申请下列事项，应当交纳申请费：

（一）申请执行人民法院发生法律效力的判决、裁定、调解书，仲裁机构依法作出的裁决和调解书，公证机构依法赋予强制执行效力的债权文书；

（二）申请保全措施；

（三）申请支付令；

（四）申请公示催告；

（五）申请撤销仲裁裁决或者认定仲裁协议效力；

（六）申请破产；

（七）申请海事强制令、共同海损理算、设立海事赔偿责任限制基金、海事债权登记、船舶优先权催告；

（八）申请承认和执行外国法院判决、裁定和国外仲裁机构裁决。

第十一条 证人、鉴定人、翻译人员、理算人员在人民法院指定日期出庭发生的交通费、住宿费、生活费和误工补贴，由人民法院按照国家规定标准代为收取。

当事人复制案件卷宗材料和法律文书应当按实际成本向人民法院交纳

工本费。

第十二条　诉讼过程中因鉴定、公告、勘验、翻译、评估、拍卖、变卖、仓储、保管、运输、船舶监管等发生的依法应当由当事人负担的费用，人民法院根据谁主张、谁负担的原则，决定由当事人直接支付给有关机构或者单位，人民法院不得代收代付。

人民法院依照民事诉讼法第十一条第三款规定提供当地民族通用语言、文字翻译的，不收取费用。

第三章　诉讼费用交纳标准

第十三条　案件受理费分别按照下列标准交纳：

（一）财产案件根据诉讼请求的金额或者价额，按照下列比例分段累计交纳：

1. 不超过 1 万元的，每件交纳 50 元；

2. 超过 1 万元至 10 万元的部分，按照 2.5% 交纳；

3. 超过 10 万元至 20 万元的部分，按照 2% 交纳；

4. 超过 20 万元至 50 万元的部分，按照 1.5% 交纳；

5. 超过 50 万元至 100 万元的部分，按照 1% 交纳；

6. 超过 100 万元至 200 万元的部分，按照 0.9% 交纳；

7. 超过 200 万元至 500 万元的部分，按照 0.8% 交纳；

8. 超过 500 万元至 1000 万元的部分，按照 0.7% 交纳；

9. 超过 1000 万元至 2000 万元的部分，按照 0.6% 交纳；

10. 超过 2000 万元的部分，按照 0.5% 交纳。

（二）非财产案件按照下列标准交纳：

1. 离婚案件每件交纳 50 元至 300 元。涉及财产分割，财产总额不超过 20 万元的，不另行交纳；超过 20 万元的部分，按照 0.5% 交纳。

2. 侵害姓名权、名称权、肖像权、名誉权、荣誉权以及其他人格权的案件，每件交纳 100 元至 500 元。涉及损害赔偿，赔偿金额不超过 5 万元的，不另行交纳；超过 5 万元至 10 万元的部分，按照 1% 交纳；超过 10 万元的部分，按照 0.5% 交纳。

3. 其他非财产案件每件交纳 50 元至 100 元。

（三）知识产权民事案件，没有争议金额或者价额的，每件交纳 500

元至 1000 元；有争议金额或者价额的，按照财产案件的标准交纳。

（四）劳动争议案件每件交纳 10 元。

（五）行政案件按照下列标准交纳：

1. 商标、专利、海事行政案件每件交纳 100 元；

2. 其他行政案件每件交纳 50 元。

（六）当事人提出案件管辖权异议，异议不成立的，每件交纳 50 元至 100 元。

省、自治区、直辖市人民政府可以结合本地实际情况在本条第（二）项、第（三）项、第（六）项规定的幅度内制定具体交纳标准。

第十四条 申请费分别按照下列标准交纳：

（一）依法向人民法院申请执行人民法院发生法律效力的判决、裁定、调解书，仲裁机构依法作出的裁决和调解书，公证机关依法赋予强制执行效力的债权文书，申请承认和执行外国法院判决、裁定以及国外仲裁机构裁决的，按照下列标准交纳：

1. 没有执行金额或者价额的，每件交纳 50 元至 500 元。

2. 执行金额或者价额不超过 1 万元的，每件交纳 50 元；超过 1 万元至 50 万元的部分，按照 1.5% 交纳；超过 50 万元至 500 万元的部分，按照 1% 交纳；超过 500 万元至 1000 万元的部分，按照 0.5% 交纳；超过 1000 万元的部分，按照 0.1% 交纳。

3. 符合民事诉讼法第五十五条第四款规定，未参加登记的权利人向人民法院提起诉讼的，按照本项规定的标准交纳申请费，不再交纳案件受理费。

（二）申请保全措施的，根据实际保全的财产数额按照下列标准交纳：

财产数额不超过 1000 元或者不涉及财产数额的，每件交纳 30 元；超过 1000 元至 10 万元的部分，按照 1% 交纳；超过 10 万元的部分，按照 0.5% 交纳。但是，当事人申请保全措施交纳的费用最多不超过 5000 元。

（三）依法申请支付令的，比照财产案件受理费标准的 1/3 交纳。

（四）依法申请公示催告的，每件交纳 100 元。

（五）申请撤销仲裁裁决或者认定仲裁协议效力的，每件交纳 400 元。

（六）破产案件依据破产财产总额计算，按照财产案件受理费标准减半交纳，但是，最高不超过 30 万元。

（七）海事案件的申请费按照下列标准交纳：

1. 申请设立海事赔偿责任限制基金的，每件交纳 1000 元至 1 万元；

2. 申请海事强制令的，每件交纳 1000 元至 5000 元；

3. 申请船舶优先权催告的，每件交纳 1000 元至 5000 元；

4. 申请海事债权登记的，每件交纳 1000 元；

5. 申请共同海损理算的，每件交纳 1000 元。

第四章　诉讼费用的交纳和退还

第二十条　案件受理费由原告、有独立请求权的第三人、上诉人预交。被告提起反诉，依照本办法规定需要交纳案件受理费的，由被告预交。追索劳动报酬的案件可以不预交案件受理费。

申请费由申请人预交。但是，本办法第十条第（一）项、第（六）项规定的申请费不由申请人预交，执行申请费后交纳，破产申请费清算后交纳。

本办法第十一条规定的费用，待实际发生后交纳。

第二十一条　当事人在诉讼中变更诉讼请求数额，案件受理费依照下列规定处理：

（一）当事人增加诉讼请求数额的，按照增加后的诉讼请求数额计算补交；

（二）当事人在法庭调查终结前提出减少诉讼请求数额的，按照减少后的诉讼请求数额计算退还。

第二十二条　原告自接到人民法院交纳诉讼费用通知次日起 7 日内交纳案件受理费；反诉案件由提起反诉的当事人自提起反诉次日起 7 日内交纳案件受理费。

上诉案件的案件受理费由上诉人向人民法院提交上诉状时预交。双方当事人都提起上诉的，分别预交。上诉人在上诉期内未预交诉讼费用的，人民法院应当通知其在 7 日内预交。

申请费由申请人在提出申请时或者在人民法院指定的期限内预交。

当事人逾期不交纳诉讼费用又未提出司法救助申请，或者申请司法救助未获批准，在人民法院指定期限内仍未交纳诉讼费用的，由人民法院依照有关规定处理。

第七章　诉讼费用的管理和监督

第五十二条　诉讼费用的交纳和收取制度应当公示。人民法院收取诉讼费用按照其财务隶属关系使用国务院财政部门或者省级人民政府财政部门印制的财政票据。案件受理费、申请费全额上缴财政，纳入预算，实行收支两条线管理。

人民法院收取诉讼费用应当向当事人开具缴费凭证，当事人持缴费凭证到指定代理银行交费。依法应当向当事人退费的，人民法院应当按照国家有关规定办理。诉讼费用缴库和退费的具体办法由国务院财政部门商最高人民法院另行制定。

在边远、水上、交通不便地区，基层巡回法庭当场审理案件，当事人提出向指定代理银行交纳诉讼费用确有困难的，基层巡回法庭可以当场收取诉讼费用，并向当事人出具省级人民政府财政部门印制的财政票据；不出具省级人民政府财政部门印制的财政票据的，当事人有权拒绝交纳。

第五招 司法拍卖保证金存款

【目标对象】

司法拍卖保证金的目标对象为地方拍卖中心或人民法院。各地人民法院往往指定拍卖中心，进行司法抵债自查的集中拍卖，大型标的包括公司股权，尤其是上市公司股权，金额极为巨大。此外，还有房产拍卖等，此类金额一般也会超过千万元，小型标的包括汽车等也有几十万元，非常适合银行拓展存款业务。

【司法拍卖工作流程图】

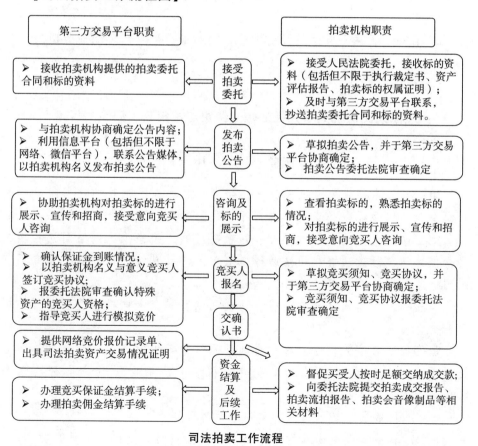

司法拍卖工作流程

【使用产品】

资金监管账户。司法拍卖保证金必须专户进行管理，对未拍卖成功的标的及时退还。

【存款量分析】

存款量起步在 2000 万元以上，通常单笔金额有限，但是累计金额巨大。

【开发难度】

开发难度适中，需要对当地拍卖公司等机构有一定的开发能力。

【分析】

1. 各地在处置司法拍卖的过程中，都需要投标人交存拍卖保证金，以保证拍卖行为的严肃性，这类拍卖保证金往往累积的金额巨大，银行应当重点关注。

2. 司法拍卖属于日常的经济现象，会给银行带来较多的业务机会。

【政策依据】

最高人民法院关于人民法院网络司法拍卖若干问题的规定

法释〔2016〕18 号

第一条 本规定所称的网络司法拍卖，是指人民法院依法通过互联网拍卖平台，以网络电子竞价方式公开处置财产的行为。

第二条 人民法院以拍卖方式处置财产的，应当采取网络司法拍卖方式，但法律、行政法规和司法解释规定必须通过其他途径处置，或者不宜采用网络拍卖方式处置的除外。

第三条 网络司法拍卖应当在互联网拍卖平台上向社会全程公开，接受社会监督。

第四条 最高人民法院建立全国性网络服务提供者名单库。网络服务提供者申请纳入名单库的，其提供的网络司法拍卖平台应当符合下列条件：

（一）具备全面展示司法拍卖信息的界面；

（二）具备本规定要求的信息公示、网上报名、竞价、结算等功能；

（三）具有信息共享、功能齐全、技术拓展等功能的独立系统；

（四）程序运作规范、系统安全高效、服务优质价廉；

（五）在全国具有较高的知名度和广泛的社会参与度。

最高人民法院组成专门的评审委员会，负责网络服务提供者的选定、评审和除名。最高人民法院每年引入第三方评估机构对已纳入和新申请纳入名单库的网络服务提供者予以评审并公布结果。

第五条　网络服务提供者由申请执行人从名单库中选择；未选择或者多个申请执行人的选择不一致的，由人民法院指定。

第六条　实施网络司法拍卖的，人民法院应当履行下列职责：

（一）制作、发布拍卖公告；

（二）查明拍卖财产现状、权利负担等内容，并予以说明；

（三）确定拍卖保留价、保证金的数额、税费负担等；

（四）确定保证金、拍卖款项等支付方式；

（五）通知当事人和优先购买权人；

（六）制作拍卖成交裁定；

（七）办理财产交付和出具财产权证照转移协助执行通知书；

（八）开设网络司法拍卖专用账户；

（九）其他依法由人民法院履行的职责。

第七条　实施网络司法拍卖的，人民法院可以将下列拍卖辅助工作委托社会机构或者组织承担：

（一）制作拍卖财产的文字说明及视频或者照片等资料；

（二）展示拍卖财产，接受咨询，引领查看，封存样品等；

（三）拍卖财产的鉴定、检验、评估、审计、仓储、保管、运输等；

（四）其他可以委托的拍卖辅助工作。

社会机构或者组织承担网络司法拍卖辅助工作所支出的必要费用由被执行人承担。

第八条　实施网络司法拍卖的，下列事项应当由网络服务提供者承担：

（一）提供符合法律、行政法规和司法解释规定的网络司法拍卖平台，并保障安全正常运行；

（二）提供安全便捷配套的电子支付对接系统；

（三）全面、及时展示人民法院及其委托的社会机构或者组织提供的拍卖信息；

（四）保证拍卖全程的信息数据真实、准确、完整和安全；

（五）其他应当由网络服务提供者承担的工作。

网络服务提供者不得在拍卖程序中设置阻碍适格竞买人报名、参拍、竞价以及监视竞买人信息等后台操控功能。

网络服务提供者提供的服务无正当理由不得中断。

第九条 网络司法拍卖服务提供者从事与网络司法拍卖相关的行为，应当接受人民法院的管理、监督和指导。

第十条 网络司法拍卖应当确定保留价，拍卖保留价即为起拍价。

起拍价由人民法院参照评估价确定；未作评估的，参照市价确定，并征询当事人意见。起拍价不得低于评估价或者市价的百分之七十。

第十一条 网络司法拍卖不限制竞买人数量。一人参与竞拍，出价不低于起拍价的，拍卖成交。

第十二条 网络司法拍卖应当先期公告，拍卖公告除通过法定途径发布外，还应同时在网络司法拍卖平台发布。拍卖动产的，应当在拍卖十五日前公告；拍卖不动产或者其他财产权的，应当在拍卖三十日前公告。

拍卖公告应当包括拍卖财产、价格、保证金、竞买人条件、拍卖财产已知瑕疵、相关权利义务、法律责任、拍卖时间、网络平台和拍卖法院等信息。

第十三条 实施网络司法拍卖的，人民法院应当在拍卖公告发布当日通过网络司法拍卖平台公示下列信息：

（一）拍卖公告；

（二）执行所依据的法律文书，但法律规定不得公开的除外；

（三）评估报告副本，或者未经评估的定价依据；

（四）拍卖时间、起拍价以及竞价规则；

（五）拍卖财产权属、占有使用、附随义务等现状的文字说明、视频或者照片等；

（六）优先购买权主体以及权利性质；

（七）通知或者无法通知当事人、已知优先购买权人的情况；

（八）拍卖保证金、拍卖款项支付方式和账户；

（九）拍卖财产产权转移可能产生的税费及承担方式；

（十）执行法院名称，联系、监督方式等；

（十一）其他应当公示的信息。

第十四条　实施网络司法拍卖的，人民法院应当在拍卖公告发布当日通过网络司法拍卖平台对下列事项予以特别提示：

（一）竞买人应当具备完全民事行为能力，法律、行政法规和司法解释对买受人资格或者条件有特殊规定的，竞买人应当具备规定的资格或者条件；

（二）委托他人代为竞买的，应当在竞价程序开始前经人民法院确认，并通知网络服务提供者；

（三）拍卖财产已知瑕疵和权利负担；

（四）拍卖财产以实物现状为准，竞买人可以申请实地看样；

（五）竞买人决定参与竞买的，视为对拍卖财产完全了解，并接受拍卖财产一切已知和未知瑕疵；

（六）载明买受人真实身份的拍卖成交确认书在网络司法拍卖平台上公示；

（七）买受人悔拍后保证金不予退还。

第十五条　被执行人应当提供拍卖财产品质的有关资料和说明。

人民法院已按本规定第十三条、第十四条的要求予以公示和特别提示，且在拍卖公告中声明不能保证拍卖财产真伪或者品质的，不承担瑕疵担保责任。

第十六条　网络司法拍卖的事项应当在拍卖公告发布三日前以书面或者其他能够确认收悉的合理方式，通知当事人、已知优先购买权人。权利人书面明确放弃权利的，可以不通知。无法通知的，应当在网络司法拍卖平台公示并说明无法通知的理由，公示满五日视为已经通知。

优先购买权人经通知未参与竞买的，视为放弃优先购买权。

第十七条　保证金数额由人民法院在起拍价的百分之五至百分之二十范围内确定。

竞买人应当在参加拍卖前以实名交纳保证金，未交纳的，不得参加竞买。申请执行人参加竞买的，可以不交保证金；但债权数额小于保证金数额的按差额部分交纳。

交纳保证金，竞买人可以向人民法院指定的账户交纳，也可以由网络服务提供者在其提供的支付系统中对竞买人的相应款项予以冻结。

第十八条 竞买人在拍卖竞价程序结束前交纳保证金经人民法院或者网络服务提供者确认后，取得竞买资格。网络服务提供者应当向取得资格的竞买人赋予竞买代码、参拍密码；竞买人以该代码参与竞买。

网络司法拍卖竞价程序结束前，人民法院及网络服务提供者对竞买人以及其他能够确认竞买人真实身份的信息、密码等，应当予以保密。

第十九条 优先购买权人经人民法院确认后，取得优先竞买资格以及优先竞买代码、参拍密码，并以优先竞买代码参与竞买；未经确认的，不得以优先购买权人身份参与竞买。

顺序不同的优先购买权人申请参与竞买的，人民法院应当确认其顺序，赋予不同顺序的优先竞买代码。

第二十条 网络司法拍卖从起拍价开始以递增出价方式竞价，增价幅度由人民法院确定。竞买人以低于起拍价出价的无效。

网络司法拍卖的竞价时间应当不少于二十四小时。竞价程序结束前五分钟内无人出价的，最后出价即为成交价；有出价的，竞价时间自该出价时点顺延五分钟。竞买人的出价时间以进入网络司法拍卖平台服务系统的时间为准。

竞买代码及其出价信息应当在网络竞买页面实时显示，并储存、显示竞价全程。

第二十一条 优先购买权人参与竞买的，可以与其他竞买人以相同的价格出价，没有更高出价的，拍卖财产由优先购买权人竞得。

顺序不同的优先购买权人以相同价格出价的，拍卖财产由顺序在先的优先购买权人竞得。

顺序相同的优先购买权人以相同价格出价的，拍卖财产由出价在先的优先购买权人竞得。

第二十二条 网络司法拍卖成交的，由网络司法拍卖平台以买受人的真实身份自动生成确认书并公示。

拍卖财产所有权自拍卖成交裁定送达买受人时转移。

第二十三条 拍卖成交后，买受人交纳的保证金可以充抵价款；其他竞买人交纳的保证金应当在竞价程序结束后二十四小时内退还或者解冻。

拍卖未成交的，竞买人交纳的保证金应当在竞价程序结束后二十四小时内退还或者解冻。

第二十四条　拍卖成交后买受人悔拍的，交纳的保证金不予退还，依次用于支付拍卖产生的费用损失、弥补重新拍卖价款低于原拍卖价款的差价、冲抵本案被执行人的债务以及与拍卖财产相关的被执行人的债务。悔拍后重新拍卖的，原买受人不得参加竞买。

第二十五条　拍卖成交后，买受人应当在拍卖公告确定的期限内将剩余价款交付人民法院指定账户。拍卖成交后二十四小时内，网络服务提供者应当将冻结的买受人交纳的保证金划入人民法院指定账户。

第二十六条　网络司法拍卖竞价期间无人出价的，本次拍卖流拍。流拍后应当在三十日内在同一网络司法拍卖平台再次拍卖，拍卖动产的应当在拍卖七日前公告；拍卖不动产或者其他财产权的应当在拍卖十五日前公告。再次拍卖的起拍价降价幅度不得超过前次起拍价的百分之二十。

再次拍卖流拍的，可以依法在同一网络司法拍卖平台变卖。

第二十七条　起拍价及其降价幅度、竞价增价幅度、保证金数额和优先购买权人竞买资格及其顺序等事项，应当由人民法院依法组成合议庭评议确定。

第二十八条　网络司法拍卖竞价程序中，有依法应当暂缓、中止执行等情形的，人民法院应当决定暂缓或者裁定中止拍卖；人民法院可以自行或者通知网络服务提供者停止拍卖。

网络服务提供者发现系统故障、安全隐患等紧急情况的，可以先行暂缓拍卖，并立即报告人民法院。

暂缓或者中止拍卖的，应当及时在网络司法拍卖平台公告原因或者理由。

暂缓拍卖期限届满或者中止拍卖的事由消失后，需要继续拍卖的，应当在五日内恢复拍卖。

第三十条　因网络司法拍卖本身形成的税费，应当依照相关法律、行政法规的规定，由相应主体承担；没有规定或者规定不明的，人民法院可以根据法律原则和案件实际情况确定税费承担的相关主体、数额。

第六招　按揭贷款保证金存款

【目标对象】

按揭贷款保证金的目标对象为地方开发商，包括住宅开发商、商业地产开发商。

按揭贷款保证金是银行在按揭贷款过程中按照贷款总额的一定比例向开发商（通常为 10%～20%）收取的钱，并承担按揭贷款的连带保证责任，直至房产证办理出来并完成抵押登记后，银行才将按揭贷款保证金退回开发商。

【业务流程图】

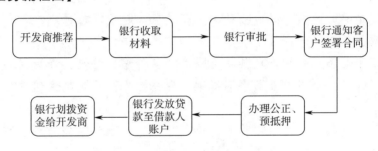

按揭贷款保证金业务流程

【使用产品】

1. 房地产开发贷款。银行通过向房地产开发商提供开发贷款，满足开发商进行商业地产开发建设的资金，大型优质开发商的贷款风险可控。

2. 按揭贷款。银行希望滞留按揭贷款保证金，首先必须配合开发商操作按揭贷款业务，开发商才会配合存入按揭贷款保证金。按揭贷款通常风险可控，可以通过开发商批量开发优质的零售客户、中小企业客户。

【存款量分析】

存款量起步在 2000 万元以上。按揭贷款保证金由开发商交存，一般为按揭贷款金额的 5%～10%，10 亿元的按揭项目，保证金就会达到 5000 万元以上，而且不可以使用，沉淀非常稳定。

【开发难度】

开发难度适中，开发商对按揭贷款需求量极大，所以，开发难度不大。可以在本地住房和城乡建设委员会网站上找到本地的房地产开发商名单，尤其应当关注国内顶尖开发商在本地的项目公司。

【分析】

通常的做法是银行与房地产开发企业签订个人购房贷款项目合作协议以及个人购房担保借款合同，并在合同上约定，银行为开发商开发楼盘的购房人发放住房按揭贷款，而开发商在银行开立保证金专户，并按发放贷款余额的一定比例存入保证金，为银行的按揭贷款提供担保。当购房借款人取得房屋所有权证，并办妥以银行为抵押权人的抵押登记手续后，银行将保证金账户中的对应保证金退还给开发商。在此期间，若购房借款人未按合同约定按期还本付息的，由开发商代为偿还，银行有权直接从保证金账户中扣划相关款项。

按揭贷款保证金担保为银行的按揭贷款提供了第二还款来源，用以维护银行的资金安全。

【开发商按揭风险产生的原因】

1. 购房人原因。

（1）购房人未获得贷款。购房人在与开发商签订商品房买卖合同时，能否获得银行的按揭贷款还是未知数。一旦购房人签订了商品房买卖合同，但却没有获得贷款，而购房人又无力一次性付款时，通常要求解除商品房买卖合同，对开发商而言，丧失了一次资金回流的机会，也因此浪费了时间成本。

（2）购房人不能按期偿还贷款。购房人由于个人原因无力偿还借款，或者恶意违约，不按期还款，是开发商承担连带保证责任的直接导火索。按揭贷款银行在无法追索购房人违约责任的情况下，会要求开发商承担连带保证责任，或者回购房屋。

即便是按揭贷款银行可以追究购房人的违约责任，但是相较于直接追究开发商的连带保证责任，并很方便地从保证金账户中扣取购房人所欠借款和违约金，对按揭贷款银行而言有更大的吸引力，也更能保障银行的利益。

（3）购房人拖延办理房屋所有权证。开发商的保证责任期限截止于购房人取得房屋所有权证，办理完房屋抵押登记手续。因此，购房人能够取得房屋所有权证是开发商解除担保责任的关键。

购房人何时能够取得房屋所有权证，取决于开发商、购房人、政府房屋管理部门等多方因素。开发商的大产权证办理迟延，可能会导致购房人取得房屋所有权证的时间拖延；购房人可能由于不愿意缴纳契税和公共维修基金而拖延办理房屋所有权证，或者看到房屋价格跌落想退房，在主观上抗拒办理房屋所有权证；政府部门效率低下也会导致房屋所有权证办理的拖延。这些因素都在无形之中延长了开发商的保证责任时间。

2. 按揭贷款银行原因。

（1）未按期放款或未按购房人的要求放款。

开发商往往都不会书面约定按揭贷款银行的放款时间，而由按揭贷款银行根据自身的办事程序来具体确定。

资金链是开发商的生命链，从银行处获取购房人的贷款，往往都被开发商列入资金回收计划中，并成为资金运作过程中不可或缺的一部分，一旦银行拖延或者拒绝放款，资金链断裂给开发商造成的困境就可想而知了。

（2）怠于行使解除权。

在借贷合同中约定，对连续 3 个月不还款或一年内累计 6 次逾期还款的，按揭贷款银行有权解除借贷合同。但按揭贷款银行并不急于行使解除权，这是因为，行使解除权的后果是按揭贷款银行将直接面对购房人，这种正面冲突费时费力，且很难取得效果。相反，不行使解除权，按揭贷款银行有权直接要求开发商承担保证责任，从而直接划扣保证金账户资金，迫使开发商去督促购房人履行还款义务。

【开发商代为办理房屋产权证】

鉴于房屋产权证的办理关系到开发商保证期限的长短，因此，开发商应当将办理房屋产权证的主动权控制在自己的手中。具体方式是，在商品房买卖合同中约定办证的时间限制，并要求购房人在接收房屋时同时缴纳公共维修基金及契税，并委托开发商指定的律师或代办机构办理房屋产权证。这样，从签订买卖合同起，开发商就控制了办理房屋产权证的每个步骤，防止节外生枝。

【银行风险】

保证金账户中的资金被法院冻结、扣划的情形时有发生，原因在于人民法院有时认为该保证金担保不属于动产质押，不具有对抗第三人的效力，也就是银行并无优先受偿权。

合作协议对保证金账户中资金的性质约定不够明确，未明确将其表述为动产质押；而且根据现行法律规定，动产质押不应约定担保期间该合同关于担保期间的约定与动产质押的实质存在冲突；此外，合同约定在担保期间，若按揭购房人未按期还款时，银行可以直接扣划保证金归还购房人的按揭贷款，此约定属于担保中的流质条款，不应产生法律效力。

【点评】

大型楼盘项目的按揭贷款保证金往往非常惊人，按揭保证金一般为按揭贷款全额的 5% 左右，贷款 10 亿元，就会有 5000 万元以上固定的按揭保证金，而且在按揭贷款的存续期间，一直不能使用，存款量极为惊人。

【文本示范】

按揭贷款合作协议

编号：

甲方：_____公司

乙方：_____房地产开发有限公司

为促进房地产开发有限公司开发的楼盘销售，甲乙双方本着平等互利的原则，经友好协商，就乙方开发的位于商品房销售按揭贷款业务达成如下协议：

第一条 对符合甲方贷款条件的购房人购买乙方开发建设并依法销售、手续齐全（五证）的商品房及商铺办理并发放按揭贷款。

第二条　甲方保证对乙方推荐的符合甲方贷款条件的购买乙方住宅的购房人提供按揭贷款支持，如出现特殊情况将逐笔上报甲方总行批准后予以办理，具体如下：

对于购置首套住房的借款人，首付比例最低为30%，按揭贷款比例最高为70%，期限最长5年，利率按同期同档次基准利率上浮25%执行；以家庭为单位、以贷款方式购房、且确定为第二套住房的借款人，贷款首付比例不得低于50%，按揭贷款比例最高为50%，期限最长5年，利率按不得低于同期同档次基准利率的1.1倍执行；根据国务院和住建部的相关规定，银行不支持第三套住房及以上住房按揭。

第三条　甲方为确保与乙方合作的顺利进行，承诺如下：

一、对乙方推荐申请住宅、商铺、按揭贷款并符合条件的购房人，保证在收妥购房人全部资料之日起7个工作日内审查完毕，作出是否发放贷款的决定，并告知乙方。

二、甲方与购房人签订的按揭借款合同生效之后，如无特殊情况，依据该借款合同约定的划款方式和付款时间，及时将购房人的按揭贷款划入乙方在甲方开立的存款账户内。

三、甲方划转资金后，保证及时将划款转账回单传真或复印给乙方，并作出书面通知，乙方据此与购房人办理有关产权手续。

四、乙方在承担全程性连带保证担保期间，在借款人不按期偿还贷款本息的情况下，由乙方代借款人偿还全部借款，并履行全部保证责任后，甲方保证将贷款的抵押权益转让给乙方，有关费用由乙方承担。

在购房人所购得现房未办妥抵押登记之前，乙方同意在甲方承诺的贷款额度内对每一购房人向甲方的借款提供无条件、不可撤销的全程连带责任保证，保证金额为借款人在甲方贷款的本金、利息（包括复息、罚息）及甲方为实现债权而发生的有关费用（包括处分抵押物费用等）并随着购房人逐期还款而相应递减。保证期限从甲方与购房人签订借款合同生效之日起，至借款人还清贷款人全部贷款本息时终止。

第四条　乙方为确保与甲方合作的顺利进行，承诺如下：

一、乙方配合甲方做好发放贷款申请表、搜集贷款资料、审查借款人资格等工作。

二、乙方必须在银行开立专用账户，该账户用于归集规定比例的首付款及个人住房按揭贷款资金，乙方承诺甲方逐笔监督该账户出账，并承诺此账户的资金用途为＿＿＿＿＿＿＿＿＿＿＿＿＿。

三、乙方其他销售资金结算、建设项目工程用款结算也应委托甲方办理。

四、在甲方与购房人签订借款合同和抵押合同后，乙方应协助甲方办理房地产抵押登记手续，取得《房屋他项权证》。

五、乙方应在甲方指定开立的保证金账户中存入相当于全部贷款余额10%的保证金，以作为购房人在乙方提供全程保证期间不能按时偿还本息的代偿资金，保证金在银行存放期限从甲方与购房人签订借款合同生效之日起，至借款人还清贷款人全部贷款本息时终止。

六、如保证金账户余额不足10%，乙方必须在3个工作日内补足保证金；否则甲方可无条件从乙方其他结算账户或关联企业账户扣划资金，用于补足保证金，乙方不得提出异议。如借款人未按约归还甲方贷款本息，乙方需协助甲方通过物业管制等措施催收；借款人连续三个月或累计四个月未偿付贷款本息时，由乙方垫款代偿，借款人连续三个月或累计四个月以上未偿付贷款本息时，乙方须在接到甲方的催收通知30天内回购房产，由甲方直接从乙方保证金账户中扣收贷款本息，不足部分，以现金方式偿还。乙方承诺在解除保证责任后继续协助甲方催收借款人住房按揭贷款，确保甲方债权的实现。

七、贷款合同签订后，乙方同意按甲方要求逐笔办理按揭贷款的房地产抵押登记手续，将《房屋预告登记证明》交付甲方保管，并协助甲方督促办理按揭贷款的借款人到甲方指定的公证处办理抵押物强制执行公证手续。

八、乙方如发生影响本协议约定条款执行或有碍保证责任履行的情形，必须提前30天通知甲方，在乙方承担的保证责任得到重新落实前，乙方仍须履行保证责任。

第五条 协议的变更与解除。

一、对本协议任何内容的变更或未尽事宜，双方承诺友好协商，另行签订补充协议，补充协议与本协议具有同等的法律效力。

二、双方在本协议的合作期限内均不得擅自提前解除，确属客观原因需要解除协议时，一方应提前通知另一方，并征得另一方的同意。

第六条 本协议的合作期限：自发放第一笔按揭贷款业务之日起至最后一笔按揭贷款归还之日。合作期限满后，双方另行协商是否延长合作期限。

第七条 在本协议履行过程中，如发生争议，应首先通过友好协商解决，协商不成，任何一方均可依法向甲方所在地的人民法院起诉。在协商或诉讼期间，本协议不涉及争议部分的条款，双方仍须履行。

第八条 房地产开发有限公司、_____银行与住房购房者必须签订房屋回购协议。

第九条 双方约定的其他事项：_____。

第十条 本协议一式四份，具有同等的法律效力，甲乙双方各执两份，经甲乙双方法定代表人（或授权负责人）签字及加盖公章后生效。

甲方（公章）　　　　　　　乙方（公章）
负责人（签字）　　　　　　法定代表人（签字）
　　年　　月　　日　　　　　　年　　月　　日

第七招　商品房预售资金监管存款

【目标对象】

商品房预售资金监管的目标对象是当地的建设委员会和房地产开发商。

商品房预售资金监管是指由房地产行政主管部门会同银行对商品房预售资金实施第三方监管，房产开发企业须将预售资金存入银行专用监管账户，只能用作本项目建设，不得随意支取、使用。

商品房预售资金是开发商将正在建设中的商品房出售给购房人，购房人按照商品房买卖合同约定支付给开发商的购房款（包括定金、首付款、后续付款、按揭付款）。

【使用产品】

1. 开发贷款。银行只有对开发商提供大额信贷资金支持，才会被开发商选择为预售资金存管银行。

2. 监管账户。银行首先必须在当地建委规定的预售监管资金合格银行名单中入围。

3. 履约保函。银行签发履约保函，置换开发商在银行交存的预售监管资金。

【存款量分析】

存款量起步在 5000 万元以上，一般在没有将房屋所有权证彻底办给购房人之前，至少 30% 的预售资金会沉淀在监管银行，被牢牢冻结，此部分资金从存入到开发商可以支配使用，至少长达 12 个月。

【开发难度】

开发难度适中。银行选择一些资质较优良的开发商提供贷款支持，本身就风险可控；再配合预售资金监管，风险会更低。

【分析】

此监管措施旨在防止资金被挪作他用，从而造成烂尾楼。而一旦预售款不得他用，一些开发商可能会因为资金链紧张而快速推盘或促销，尽快回笼资金。因此，房价有望降低，这对购房者而言，自然是利好消息。

【预售资金监管流程】

1. 开发企业申请办理项目预售许可证，符合办理条件的，同时准备材料与选定的监管银行一起到行政服务中心房产窗口申请该项目商品房预售资金监管。

2. 房产管理中心在受理资金监管申请后，录入预售资金监管系统，打印新建商品房预售资金监管协议和开户通知书。

3. 开发企业执开户通知书到监管银行开设监管账户。开发企业与监管银行完善新建商品房预售资金监管协议相关内容后加盖公章，提报房产管理中心审验并加盖公章。

4. 购房人按商品房预售合同约定的付款时间和载明的预售资金收存账户将定金或房价款存入监管账户。购房人申请购房贷款的，贷款银行或公积金管理中心将购房贷款发放到监管账户。

5. 开发企业到房产管理中心申报用款计划，房产管理中心受理申请，整理材料上报用款计划。

6. 建设局建管处、法规科联审用款计划。

7. 建设局分管领导审批用款计划。

8. 用款计划审批通过后，房产管理中心根据用款计划，录入监管系统，出具新建商品房预售资金监管用款计划审批表。

9. 开发企业执新建商品房预售资金监管用款计划审批表到监管银行申请拨付预售资金。

10. 监管银行审验资料，对符合用款计划和拨付条件的，监管银行予以拨付，同时将拨付信息实时传送至监管系统，以备核查。

【案例】

首批两个项目纳入资金监管

半岛家园房源有800多套，塔楼两居室每平方米均价1.45万元，板楼三居每平方米均价1.75万元。签订购房合同后，购房人先期缴纳的认购金和首付款当天都将直接打入银行的监管账户中。绿地花都苑开盘的房源700多套，销售均价为每平方米1.6万元。两个项目均在12月18日开盘，购房人通过刷卡缴纳的购房款将通过POS机打入监管账户。售楼处12月

18 日起将设置公示牌，公示该楼盘资金监管的相关信息。

今后北京所有的开发项目都将纳入预售资金监管，住房建设部门将进一步加强预售资金监管的日常监督检查，确保政策落实。按照规定，进入预售资金监管的开发商，只有在工程完成地下结构、结构封顶、竣工验收、初始登记并达到购房人可办房屋所有权证 4 个节点才能申请用款计划。

【点评】

　　大型开发商的楼盘预售资金量同样极为惊人，由于房屋已经办理完按揭贷款，房屋全款进入开发商在银行监管账户而不能使用。这部分资金会长期滞留在银行，形成非常稳定的沉淀存款。

【文本示范】

商品房预售资金监管协议

　　甲方：＿＿＿＿住房和城乡建设局

　　地址：＿＿＿＿

　　乙方（金融机构）：＿＿＿＿

　　地址：＿＿＿＿＿＿＿

　　丙方（开发企业）：＿＿＿＿

　　地址：＿＿＿＿＿＿＿＿＿

　　为维护购房人的合法权益，保证商品房预售资金用于本项目建设，根据《城市商品房预售管理办法》《中华人民共和国合同法》等规定，甲、乙、丙三方经协商，现就坐落于＿＿＿＿，项目名称为＿＿＿＿规划许可证号＿＿＿＿的商品房预售资金监管事项达成以下协议：

　　一、该项目商品房预售资金的收存、拨付和使用均应遵守本协议。

该项目施工单位和基本情况如下：

幢号	施工单位	总层数	地上层数	规划面积（m²）

二、乙方应严格履行账户管理、资金收存、资金划拨等监管义务，积极配合丙方收取售房款工作，并向丙方与购房人提供优质、高效的金融服务。

三、丙方在乙方开设商品房预售资金监管账户。

监管账户户名：＿＿＿＿＿＿

监管账号：＿＿＿＿＿＿

监管资金总额（按开发企业总成本的1.1倍）：＿＿＿＿＿＿＿

该监管账户的使用范围仅限本项目预售资金的收存、拨付和使用；该监管账户不可支取现金，不得办理除查询功能以外的网上银行业务，不得办理质押，不得作为保证金账户及办理其他业务。

四、丙方应协助购房人通过资金监管专用POS机，或以支票、现金等方式将购房款直接存入在乙方开设的监管账户，不得另设其他账户收存本项目预售资金，不得直接收存房价款。

若购房人因乙方信贷政策差异或其他原因未能办理按揭的，乙方出具证明；经甲方同意后，丙方可为该购房人在其他银行办理按揭，所有按揭贷款的资金和购房人交付现金等款项都必须转入乙方开设的监管账户。

五、丙方应按照主体2/3以上、结构封顶、竣工验收、完成初始登记四个环节设置资金使用节点，分别申请支取相当于项目建设总造价的30%、30%、30%、5%的款项，优先支付上述相关施工单位建筑、安装、装饰及配套设施等费用。余款5%待房屋保修期满时支付。

超出监管总额部分的预售款，应优先偿还乙方本项目到期贷款。

六、乙方收到甲方支付通知后，方可向丙方拨付相关款项。

七、乙方应积极配合甲方做好商品房预售资金监管账户核对、查询工作，甲方可不定期核查项目销售情况与资金入账情况。

八、丙方向甲方承诺所提供的资金监管和拨付的相关资料真实准确。甲方承诺收到丙方的资金拨付申请后，在符合条件的情况下2个工作日内向乙方送达支付通知，保证丙方的正常资金使用。但因丙方提供的资料不真实或资料不符合造成拨付资金错误或延误的，丙方应承担相关法律和经济责任。

九、该项目商品房一经预售，其监管账户不得变更。

由于丙方机构合并、分立等原因导致丙方企业名称变更的，丙方须持相关材料及时向甲方提出变更监管账户名称申请。

由于乙方机构调整、撤销、系统升级等原因导致监管账号变更的，乙方应及时书面通知甲方，并提供相应的证明材料。丙方应及时向甲方申请变更相关信息。

十、丙方办理初始登记后，甲方及时通知乙方，该单体商品房预售资金监管自动终止。

十一、取得预售许可后，丙方应将本监管协议在售楼场所公示。

十二、丙方未按上述约定收存、支付预售资金的，一经发现，甲方可关闭该项目的网上签约系统。

十三、因履行本协议发生争议，三方协商解决。协商不成的，依法向人民法院提起诉讼。

十四、本协议自三方签字、盖章之日起生效。本协议一式四份，三方各执一份，申请商品房预售许可提交一份。

十五、本协议未尽事宜，经三方协商一致，可签订补充协议。补充协议同本协议具有同等法律效力。

甲方（公章）：　　　乙方（公章）：　　　丙方（公章）：
法定代表人　　　　　法定代表人（负责人）法定代表人
签章：　　　　　　　签章：　　　　　　　签章：
经办人：　　　　　　经办人：　　　　　　经办人：
联系电话：　　　　　联系电话：　　　　　联系电话：
　年　月　日　　　　年　月　日　　　　　年　月　日

第八招　二手房交易资金监管存款

【目标对象】

二手房交易资金监管的目标对象是当地住房和建设部门及大型二手房中介机构。

中国未来二手房的交易量，也就是存量房的交易量会远远超过新房的交易量，所以，银行应当高度关注二手房交易信贷业务。

二手房中介机构包括链家地产、我爱我家地产、中原地产等大型房地产中介机构。

【使用产品】

1. 二手房按揭贷款。二手房资金监管业务往往属于二手房按揭贷款的衍生业务，只有银行提供二手房按揭贷款业务，中介机构才会愿意将二手房资金监管业务交给银行办理。

2. 资金监管账户。对二手房交易的资金进行集中监管，银行提供清晰的资金保管、记账、汇划、安全确认等服务。

【存款量分析】

存款量起步在5000万元以上。一些发达地区的二手房交易市场非常活跃，例如北京、上海，年度交易量都在300亿元以上；二线城市，例如青岛、西安、郑州等二手房交易市场也非常活跃。

若一套房产价值200万元，对100套以上房产交易资金进行监管，监管的资金就超过2亿元。

【开发难度】

开发难度适中，二手房中介机构往往对银行需求量较大，开发难度极小。银行客户经理可以直接联系二手房中介机构的贷款融资合作部。

【分析】

二手房交易纠纷逐渐增多，很多购房者担心一旦出现纠纷，资金安全问题如何保障。资金监管能够有效保证资金安全交易。

【操作要点】

1. 办理资金监管需要提交的材料。二手房买卖合同、房屋所有权证、买卖双方身份证明，委托他人代办的须提供经公证的委托书，以及其他所需材料（由房屋所在城市决定）。

2. 卖房人收取房价款的方式。卖房人在办理资金监管的同时预留在委托银行开立的个人账户，转移登记办结后银行就会把房款划入这个账户，卖房人可到开户银行的任何一家储蓄网点取钱。

3. 二手房买卖双方委托交易保证机构存款、划转房款时应当注意的事项。签订资金监管协议时，卖房人一定要准确填写收取房款的账号；买房人存入房款时，一定要选择卖房人开户的同一银行，以免跨行划款发生不必要的费用和延长卖房人收款时间。银行在划转房款后会通过短信或电话方式通知卖房人取款，因此如卖房人的联系方式变化，一定要及时通知交易保证机构，交易保证机构会把卖房人新的联系方式告知银行。

4. 资金监管程序。资金监管只是在交易环节中增加一个买方存入房款、卖方预留收款账号的环节。除此之外，没有任何程序和要件的增加。

【点评】

二手房交易其实非常简单，银行办理二手房贷款利益较大。一是贷款金额巨大，一个省会城市二手房交易量超过 50 亿元很容易；二是贷款相对安全。

【文本示范】

二手房交易结算资金专用存款账户监管协议

（编号： ）

甲 方：

住 址：

电　　话：
邮政编码：
乙　　方：××担保有限公司
住　　址：
电　　话：
邮政编码：

_____

　　为保证二手房交易当事人的合法权益，保障二手房交易结算资金的安全，根据有关法律、法规，经甲乙双方协商一致，就二手房交易结算资金的监管和划转相关事宜达成如下协议：

　　一、乙方在甲方处开设交易结算资金专用存款账户，名称：××担保有限公司客户交易结算资金，账号：_____开户行：_____。该专用账户用于二手房交易结算资金的存储和支付，账户内的资金独立于乙方的固有资产及其管理的其他资产，也不属于乙方的负债，资金的所有权属于二手房交易房屋出卖人或房屋买受人，乙方无权挪用该账户内的资金，也不得要求甲方出具资信证明。

　　二、从房屋买受人将购房款存入乙方的交易结算资金专用存款账户时起，甲方即对存入账户的资金进行监管，至以下情形之一出现时结束。但乙方对下述情形提交材料的真实性负责。

　　1. 交易完成房屋买受人取得房屋所有权证后，房屋出卖人持本人身份证原件、乙方开具的转账支票、乙方出具的二手房交易资金托管划转凭证（以下简称划转凭证）、××市房屋登记管理中心出具的并有乙方签章的××市二手房转移登记办结单（以下简称办结单），到甲方处办理资金划转手续，款到房屋出卖人账户（账户信息以转账支票记载为准）即监管期限结束。

　　2. 交易的房屋未过户登记到买受人名下之前，出卖人和买受人双方协商解除合同的，买受人持本人身份证原件、乙方开具的转账支票、乙方开具的划转凭证、出卖人和买受人在乙方处面签并经乙方签章的解除二手房买卖合同协议书，到甲方处办理资金划转手续。款到房屋买受人账户（账户信息以转账支票记载为准）即监管期限结束。

　　3. 交易的房屋未能过户登记到买受人名下的，买受人持本人身份证原件、乙方开具的转账支票、乙方开具的划转凭证、××市房屋登记管理中心出具的"××市房产管理局房产业务退件通知单"到甲方处办理监管资金的退转手续，款到买受人账户（账户信息以转账支票记载为准）时，监管期限结束。

三、出卖人或买受人办理监管资金划转业务，转账支票中的划入账户、金额与划转凭证中规定的账户和金额应相一致，如不相符甲方不能受理资金划转，应及时告知乙方。

四、交易结算资金专用存款账户只能通过转账方式划转，任何情况下都不能以现金方式支取。

五、甲方作为乙方交易结算资金专用存款账户的受托监管机构，只按本协议的规定对二手房交易资金进行监管和划转，并不对乙方和房屋买卖双方在交易过程中所发生的行为负责。司法机关依据有效法律文书对监管资金采取的冻结和扣划，其法律后果均由乙方或房屋交易当事人承担，甲方不承担责任。但甲方应对由于自己的过错而导致的监管或划转的资金的损失承担相应的法律责任。

六、本协议未尽事宜双方可另签补充协议。本协议履行中发生争议由甲乙双方协商解决。协商不成时，任何一方均可向××市人民法院起诉。

七、本协议经双方盖章后生效。本协议正本二份，双方各执一份。副本三份，双方各执一份，送××市房屋登记中心备案一份。

八、合同有效期：＿＿＿年＿＿＿月＿＿＿日至＿＿＿年＿＿＿月＿＿＿日。

甲方（盖章）：　　　　　　　　乙方（盖章）：

法定代表人　　　　　　　　　　法定代表人

或委托代理人（签字或盖章）：　或委托代理人（签字或盖章）：

联系电话：　　　　　　　　　　联系电话：

　　　年　　月　　日　　　　　　　年　　月　　日

第九招　短期银行承兑汇票换长期银行承兑汇票存款

【目标对象】

短期银行承兑汇票换长期银行承兑汇票的目标对象是票据业务量较大的钢铁厂商、汽车厂商、家电厂商、水泥厂商、石油厂商、煤矿企业等，这类客户非常强势，持票量极大，能够将收到的短期银行承兑汇票置换为长期银行承兑汇票，对上游进行支付，占有上游客户的资金时间价值。

市场化的特大型企业，能够快速响应银行的营销活动，例如云南红塔汽车有限公司、珠海格力电器股份有限公司、包头钢铁集团有限公司、冀东水泥有限公司、内蒙古伊泰煤业有限公司等客户。

【使用产品】

使用产品为银行承兑汇票。银行将客户持有的短期银行承兑汇票作为质押，银行为客户办理新的长期银行承兑汇票，利用两个银票的期限错配制造存款。

银行通过票据的短期变长期，可以获得可观的存款回报，同时成本很低，又是低风险的业务，操作手续较为简便。这是设计存款最简单、最直接的方式，一定要好好掌握。

【存款量分析】

存款量起步在 1000 万元以上。银行可以获得大额稳定、成本较低的存款沉淀，存款通常包括 1 天、7 天通知存款，3 个月、6 个月定期存款。这类存款营销成本极低，不像纯存款业务那样需要投入高额的营销费用。

【开发难度】

开发难度适中，通常票据使用大户都有这类需求，而且非常旺盛。银行高管需要直接与客户的财务总监进行联系。

【分析】

银行根据买方的需要，协助买方变换票据的结构，将买方持有的短期银行承兑汇票采取质押方式置换成长期银行承兑汇票，满足买方商务采购支付结算需要。

【操作规则】

1. 由于短期银行承兑汇票换长期银行承兑汇票可以给银行带来非常可观的保证金存款，因此银行往往非常乐意做票据置换。

为了提高银行的综合收益，有时会要求客户配比一定的全额保证金银行承兑汇票。

2. 短期银行承兑汇票换长期银行承兑汇票采取的是质押规则。以短期银行承兑汇票作为质押，换开长期银行承兑汇票。

【政策依据】

物权法

第二节　权利质权

第二百二十三条　债务人或者第三人有权处分的下列权利可以出质：

（一）汇票、支票、本票；

（二）债券、存款单；

（三）仓单、提单；

（四）可以转让的基金份额、股权；

（五）可以转让的注册商标专用权、专利权、著作权等知识产权中的财产权；

（六）应收账款；

（七）法律、行政法规规定可以出质的其他财产权利。

第二百二十四条　以汇票、支票、本票、债券、存款单、仓单、提单出质的，当事人应当订立书面合同。质权自权利凭证交付质权人时设立；没有权利凭证的，质权自有关部门办理出质登记时设立。

第二百二十五条　汇票、支票、本票、债券、存款单、仓单、提单的兑现日期或者提货日期先于主债权到期的，质权人可以兑现或者提货，并与出质人协议将兑现的价款或者提取的货物提前清偿债务或者提存。

【定价策略】

银行将根据客户为银行创造的综合收益确定向客户提供的存款品种（甚至明确告诉客户，本次存款收益已经覆盖新签发银行承兑汇票的手续费）。比如，在本行有大量的存款、代发工资、理财等业务，收益较好的客户，可以提供 3 个月定期存款 +7 天通知存款的组合。

1. 收到 1 个月的银行承兑汇票质押转换的票据结构

序号	转换结构	存款结构
1	如 1 个月银行承兑汇票换成 6 个月银行承兑汇票	1 天、7 天通知存款，3 个月、6 个月定期存款
2	如 1 个月银行承兑汇票换成 5 个月银行承兑汇票	1 天、7 天通知存款，3 个月、6 个月定期存款
3	如 1 个月银行承兑汇票换成 4 个月银行承兑汇票	1 天、7 天通知存款，3 个月定期存款
4	如 1 个月银行承兑汇票换成 3 个月银行承兑汇票	1 天、7 天通知存款，3 个月定期存款
5	如 1 个月银行承兑汇票换成 2 个月银行承兑汇票	1 天、7 天通知存款

2. 收到 2 个月的银行承兑汇票质押转换的票据结构

序号	转换结构	存款结构
1	如 2 个月银行承兑汇票换成 6 个月银行承兑汇票	1 天、7 天通知存款，3 个月、6 个月定期存款
2	如 2 个月银行承兑汇票换成 5 个月银行承兑汇票	1 天、7 天通知存款，3 个月定期存款
3	如 2 个月银行承兑汇票换成 4 个月银行承兑汇票	1 天、7 天通知存款，3 个月定期存款
4	如 2 个月银行承兑汇票换成 3 个月银行承兑汇票	1 天、7 天通知存款，3 个月定期存款

3. 收到 3 个月的银行承兑汇票质押转换的票据结构

序号	转换结构	存款结构
1	如 3 个月银行承兑汇票换成 6 个月银行承兑汇票	1 天、7 天通知存款，3 个月定期存款
2	如 3 个月银行承兑汇票换成 5 个月银行承兑汇票	1 天、7 天通知存款，3 个月定期存款
3	如 3 个月银行承兑汇票换成 4 个月银行承兑汇票	1 天、7 天通知存款

【客户益处】

1. 相对于直接将票据背书转让，在保证经营采购支付效果不变的前提下，买方（出票人）可以额外获得稳定的理财存款收益，其明显超出活期存款利息，同时可以达到延期付款的商业目的。

2. 相对于买方将收到银行承兑汇票办理贴现获得现款支付，避免了直接贴现方式下买方需要承担较高的贴现财务费用的弊端。

【所需资料】

1. 有关证明交易真实性的资料。银行承兑汇票质押开立银行承兑汇票，客户需要提供拟质押银行承兑汇票所对应的商品交易合同、增值税发票资料，同时需要提供新签发的银行承兑汇票所对应商品交易合同资料。

2. 低风险授信所需常规资料包括营业执照、人民银行征信等一般资料。

【业务流程】

1. 买方（出票人）提出以收到的银行承兑汇票作为质押，申请办理新的银行承兑汇票。银行办理票据真伪鉴别及查询工作，银行按照内部操作规程进行审批，审批通过后，出票人提交银行承兑汇票，签订银行承兑汇票质押合同。

2. 买方（出票人）与承兑行签订银行承兑协议，出票人签发银行承兑汇票，银行加盖汇票专用章。

3. 承兑银行将办理好的银行承兑汇票交付给买方（出票人），出票人办理银行承兑汇票的交付。

4. 银行承兑汇票到期前，买方（出票人）将足以支付汇票金额的资金存入承兑银行置换质押的银行承兑汇票，或银行以质押银行承兑汇票托收回来的款项存入保证金专户用于解付新的银行承兑汇票。

【业务示意图】

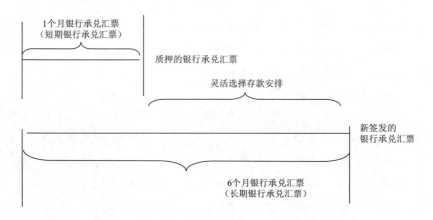

短期银行承兑汇票换长期银行承兑汇票业务示意图

【营销建议】

1. 该业务模式适用于那些采取票据结算和现款结算差别很小且对价格

不敏感的企业之间的商务交易。可以帮助买方改造其收到的银行承兑汇票，如汽车厂、钢厂在收到期限较短的银行承兑汇票后，可以适度换成期限较长的银行承兑汇票，用于商务结算。帮助客户额外获得一些理财利益，通常机制灵活的企业会积极回应银行利益导向营销。

如果卖方不计较，买方收到短期银行承兑汇票后，则尽量不直接交付短期银行承兑汇票，而是想办法换成长银行承兑汇票。

2. 营销的时候要重点突出该业务给客户带来非常可观的保证金存款利息收益，客户就会愿意将手中的短期票据交付给银行，操作置换业务。只要保证金存款收益可以覆盖5/10000的手续费，客户就会愿意操作票据置换业务。

【案例】

上海绿新钢铁销售有限公司短期变长期业务

一、企业基本情况

上海绿新钢铁销售有限公司注册资本3000万元，年销售规模达到5亿元，为上海本地的二级钢铁经销商，每年收到大量银行承兑汇票。公司每年从一级钢铁经销商——上海西华钢铁销售有限公司购买大量钢材。上海绿新钢铁销售有限公司与上海西华钢铁销售有限公司销售结算以票据为主。上海西华钢铁销售有限公司为了刺激销售，扩大钢铁销售市场，对于收取的银行承兑汇票的期限要求不严。

二、银行切入点分析

××银行了解到：上海西华钢铁销售有限公司发展超过10家的大型二级经销商，该公司采取进货加点销售模式，快进快出，销售价格灵活，对于收取的是银行承兑汇票还是现款不太在意。上海绿新钢铁销售有限公司票据量较大，可以将其中的短期银行承兑汇票换成长期银行承兑汇票后，银行赚取一定的存款；上海绿新钢铁销售有限公司可以获得一定的票据理财收益。考虑钢铁经销商票据量极大，这种操作模式可以沉淀较多存款。

三、银行合作情况

××银行提供如下服务：

第九招　短期银行承兑汇票换长期银行承兑汇票存款

1. 上海绿新钢铁销售有限公司将收到一笔银行承兑汇票，期限为 1 个月，金额为 1000 万元，交付给某银行，银行提供短期变长期业务。

2. ××银行对质押的银行承兑汇票完成票据真伪鉴别，并完成票据查询手续后，确定提供票据期限 1 个月变 6 个月的服务，并商议将托收回来的资金存为 3 个月定期存款及 7 天通知存款。

3. 银行与上海绿新钢铁销售有限公司签订银行承兑汇票质押协议及银行承兑协议。银行为客户办理期限为 6 个月，金额为 1000 万元的银行承兑汇票。

4. 银行承兑汇票到期，银行办理托收，将托收回来的 1000 万元资金按照先 3 个月定期存款，后 7 天通知存款办理存款。

5. 银行承兑汇票到期，银行扣划 1000 万元资金兑付票据，其余的利息划付给上海绿新钢铁销售有限公司。

【点评】

当年我在做客户经理的时候，相当一部分存款都是票据置换得来的，当时很多同事争抢财政存款和垄断型企业的存款，现在想想，自己当初幸亏营销方向对头，财政存款和垄断型企业的存款属于有门路的银行客户经理，并不属于我们这些草根银行客户经理，而一些票据大户可以给我们贡献惊人的存款，我们却视而不见。其实，存款就在我们身边。

第十招　商业银行承兑汇票变
银行承兑汇票（短期变长期）存款

【目标对象】

存款的目标对象是收到大额票据而支付较为零散的客户。这类客户往往属于弱势类型的客户，上下游都是大客户，而自己处于弱势。

客户办理该业务的动机。该类客户的上游客户（买家）相对较为强势，支付商业承兑汇票，该类客户的下游客户（卖家）同样较为强势，同时对其付款能力存在疑虑，为了防止出现收款风险，一定要收取银行承兑汇票甚至现款。银行帮助客户改造票据的性质。

有时，需要和买方付息票据捆绑操作，为买方节省一定的财务费用（银行承兑汇票贴现利息远低于商业承兑汇票）。

该类客户如医药经销商（上游为大型药厂，下游为大型医院）、小家电经销商（上游为大型家电厂商，下游为大型商场）等。

【使用产品】

银行承兑汇票质押。银行根据买方的需要，协助买方转换票据的性质，将买方收到的短期商业承兑汇票采取质押方式置换成长期银行承兑汇票，满足买方支付结算需要。

【存款量分析】

存款量起步在 1000 万元以上，银行可以获得大额稳定、成本较低的存款沉淀，存款通常包括 1 天、7 天通知存款以及 3 个月、6 个月定期存款。这类存款营销成本极低，不像纯存款业务那样，需要投入高额的营销费用。

【开发难度】

开发难度适中，持有商业承兑汇票的客户都希望降低贴现成本，而商票质押换开银行承兑汇票可以大幅降低商业承兑汇票的变现成本，所以，开发难度不大。

商业承兑汇票直接贴现应当是不得已的选择，最好的方式是商业承兑汇票质押换成银行承兑汇票，需要资金的时候，办理银行承兑汇票贴现，这样可以为客户节省大量财务费用。

【分析】

商业承兑汇票很难流通，一般需要换成银行承兑汇票方可流通。

【操作规则】

为了提高买方的综合贡献度，银行要求买方提供一定比例的额外保证金，银行开出商业承兑汇票票面金额＋额外保证金之和的银行承兑汇票。

比如，买方收到 1000 万元的商业承兑汇票，银行要求买方额外提供 500 万元的资金，银行为其办理 1500 万元的银行承兑汇票。

【产品优势】

1. 客户益处。

（1）相对于直接将商业承兑汇票贴现，买方通过商业承兑汇票质押换成银行承兑汇票，可以大幅降低财务费用。商业承兑汇票是成本非常高昂的业务，不到万不得已不会选择这种融资方式。而将商业承兑汇票置换为银行承兑汇票是另一种变现的方式，成本极低。

（2）通过改造商业承兑汇票的属性，票据流通性增强。收款人收到商业承兑汇票后，往往非常为难，不接受吧，下次收款遥遥无期，而收了商业承兑汇票，贴现难，贴现成本也极高。商业承兑汇票很难背书转让，而换成银行承兑汇票后，可以畅通无阻地流通。

2. 银行益处。

（1）银行可以获得可观的保证金存款收益，银行提供短期票据转换为长期票据的业务，可以获得与票面金额等同的存款。例如，1000 万元 3 个月的商业承兑汇票置换为 1000 万元 6 个月的银行承兑汇票，可以获得 3 个月 1000 万元的存款。

（2）银行可以获得可观的银行承兑汇票中间业务手续费。而直接贴现方式下，银行收益只是贴现利息。

（3）通过对票据适度改造，银行可以借助银行承兑汇票关联营销下游客户。传统方式下，直接将商业承兑汇票贴现，银行会丧失利用票据拓展买方上游客户的机会。

【营销建议】

1. 商业承兑汇票直接贴现应当是不得已的选择，最好的方式是商业承兑汇票质押换成银行承兑汇票，需要资金的时候，办理银行承兑汇票贴现，充分利用银行承兑汇票贴现利率远远低于商业承兑汇票贴现利率的优势，大幅降低票据贴现的融资成本。

2. 该业务最好和商业承兑汇票保贴业务捆绑销售，尤其是与持票人商业承兑汇票保贴业务捆绑，持票人拿到商业承兑汇票后，银行立即为其办理商业承兑汇票质押签发银行承兑汇票，最好再将这笔新签发的银行承兑汇票封闭索回办理贴现。银行可以借助商业承兑汇票持票人关联营销其众多的上游客户。

【案例】

北京东开医药销售有限公司商业承兑汇票变银行承兑汇票（短期变长期）

一、企业基本情况

北京东开医药销售有限公司为北京本地的大型医药经销商。注册资本800万元，年销售规模达到16亿元。公司下游企业为各大医院，销售结算模式主要是商业承兑汇票，通常金额较大。公司上游企业为各大药厂，相对较为强势，通常只接受银行承兑汇票提货，但是对银行承兑汇票期限并不在意。

二、银行切入点分析

××银行了解到，北京东开医药销售有限公司票据业务量极大，银行必须争夺该客户的票据资源。其下游客户非常强势，通常需要给予3个月的账期，然后医院支付现款；××银行参与商务谈判，建议可以给予账期2个月，要求医院提供2个月的商业承兑汇票。银行提供商业承兑汇票置换银行承兑汇票业务，将2个月的商业承兑汇票置换为6个月的银行承兑汇票。

三、银行合作情况

××银行提供如下服务：

1. 北京东开医药销售有限公司收到1笔商业承兑汇票，期限为2个月，金额1000万元交付给银行。

2. 银行对质押的银行承兑汇票完成票据真伪鉴别，并完成票据查询手续后，确定提供商业承兑汇票置换银行承兑汇票业务。

3. 银行与北京东开医药销售有限公司签订商业承兑汇票质押协议及银

行承兑协议。北京东开医药销售有限公司向某药厂支付货款——银行承兑汇票，金额为 1000 万元，期限为 6 个月。

4. 2 个月后，商业承兑汇票到期托收回来的资金存为 3 个月的定期存款，等待银行承兑汇票兑付。

商业承兑汇票市场潜力巨大，对于银行而言，价值极高。将商业承兑汇票置换为银行承兑汇票，然后操作贴现，可以大幅降低企业的融资成本。大部分银行对商业承兑汇票的操作不熟悉，一家银行如果尽快掌握该项业务的操作要点，会占领整个市场。

【文本示范】

商业承兑汇票保押三方合作协议书

（＿＿＿＿＿＿）＿＿＿＿字　第＿＿号

甲方：　　　　（买方）

乙方：　　　　（卖方）

丙方：　　　　（银行方）

为加强甲、乙、丙三方之间互利合作关系，确保甲方和乙方签订的购销合同顺利履行，经三方当事人自愿平等协商，达成如下协议，协议各方恪守履行。

协议条款如下：

第一条　信用额度及结算方式

丙方为乙方提供银行授信敞口额度不超过＿＿＿亿元整，用于乙方上游采购商品供应给甲方的贸易结算。

第二条　业务流程及银行监管

1. 根据甲乙双方签订的购销合同的相关约定，以甲乙双方书面确定的每批次的价格为该批次货物交易的基准价。

2. 乙方将每批货物送递甲方指定地点之日（节假日相应顺延），甲方向乙方开具金额＿＿＿＿亿元，期限＿＿＿＿天的商业承兑汇票。

乙方在收到商业承兑汇票后到丙方开立银行承兑汇票，并提供＿＿＿亿元的保证金，乙方需当月开具增值税专用发票给甲方，并由乙方于送达对方同时复印给丙方备查。

4. 甲方在商业承兑汇票到期日，将兑付商业承兑汇票的资金汇至乙方在丙方开立结算账户，用于补足乙方在丙方开出的银行承兑汇票敞口。

说明：商业承兑汇票期限为 6 个月，银行承兑汇票期限应当为 6 个月。

5. 甲方开具的商业承兑汇票只能作为乙方申请开具相应银行承兑汇票（国内信用证）的质押物；乙方开具的相应银行承兑汇票（国内信用证）只能用于向其上游采购的业务。

第三条　声明和保证

三方在此声明保证如下：

1. 三方均为依法成立并合法存在的企业法人或金融机构，有权以自己名义、权利和权限从事本协议项下的经营活动，并以自身名义签署和履行本协议。签署本协议所需的有关文件和手续已充分齐备并合法有效。

2. 签署本合同是各方自愿的，是自身意思的真实表示。

3. 各方届时将按照诚实信用的原则充分地履行本协议，并在履行本协议时给予他方必要的协助和配合。

第四条　违约责任

本协定生效后，任何一方违反本协议的任何约定义务给守约方造成损失，还应赔偿守约方的损失，损失包括但不限于本金、利息、罚息、因追索或索赔产生的全部费用及可以预见的可得利益损失。

第五条　协议的解释和争议

凡因履行本协议所发生的或与本协议有关的一切争议、纠纷，双方可协商解决。协商不成的，任何一方可以依法向乙方所在地的人民法院提起诉讼。

第六条　合同生效

本协议于三方有权人签字、加盖公章之日起开始生效。

本协议一式三份，每方各执一份，每份均具有同等法律效力。

甲方：

法定代表人或代理人：

地址：

电话：

日期：　　　年　　月　　日

乙方：

法定代表人或代理人：

地址：

电话：

日期：　　　年　　　月　　　日

丙方：

法定代表人或代理人：

地址：

电话：

日期：　　　年　　　月　　　日

第十一招　保函保证金存款

【目标对象】

存款目标对象是施工企业、电力设备企业等。

只要是施工企业、电力设备企业，毫无疑问，每年需要大量签发各类投标保函和履约保函。只要签发保函，就必须给银行交存保证金。

各类保函属于低风险业务品种，会给银行带来可观的保证金存款，银行应当大力开展。

【使用产品】

1. 投标保函。

投标保函是指在招投标中，招标人为保证投标人不得撤销投标文件、中标后不得无正当理由不与招标人订立合同等，要求投标人在提交投标文件时一并提交的一般由银行出具的书面担保。

担保银行的责任。当投标人在投标有效期内撤销投标，或者中标后不能同业主订立合同或不能提供履约保函时，担保银行就自己负责付款。

（1）投标人义务。

①在标书规定的期限内，投标人投标后，不得修改原报价，不得中途撤标。

②投标人中标后，必须与招标人签订合同并在规定的时间内提供银行的履约保函。若投标人未履行上述义务，则担保银行在受益人提出索赔时，须按保函规定履行赔款义务。

（2）申请条件。

①招标文件资料。

②基础交易合同资料及公司对同类工程的履约记录等资料。

③保函格式（通常招标文件中备有要求的格式文本）。

④授信所需的常规资料，包括营业执照、法人代码证书、税务登记证、财务报表、公司的决议等。

⑤一般银行还需要申请方具备人民银行出具的"贷款卡"。

（3）适用范围。

适用于所有公开招标、议标时，业主要求投标人交纳投标保证金的情况。招标人为避免投标人在评标过程中改标、撤标，或中标后拒签合同而给自身造成损失，通常要求投标人缴纳投标保证金，以制约对方的行为。投标保函是现金保证金的一种良好的替代形式。

2. 履约保函。

履约保函（Performance Guarantee），是指应劳务方和承包方（申请人）的请求，银行向工程的业主方（受益人）作出的一种履约保证承诺。如果劳务方和承包方日后未能按时、按质、按量完成其所承建的工程，则银行将向业主方支付一笔约占合约金额 5% ～ 10% 的款项。履约保函既有一定的格式限制，也有一定的条件。

（1）申请条件。

①在申请银行开户；

②具备履行担保项下合约的能力；

③项目符合国家规定；

④提供符合要求的保证金或反担保。

（2）办理程序。

①申请人向银行申请开立保函并提供有关资料；

②银行进行调查、审查；

③签订协议，落实保证金或反担保；

④开立履约保函。

（3）适用范围。

适用范围非常广泛，可用于任何项目中对当事人履行合同义务提供担保的情况，常用于工程承包、物资采购等项目。

在工程承包、物资采购等项目中，业主或买方为避免承包方或供货方不履行合同义务而给自身造成损失，通常要求承包方或供货方缴纳履约保证金，以制约对方的行为。履约保函是现金保证金的一种良好的替代形式。

（4）履约保函的优点。

①对承包方或供货方的优点。减少由于缴纳现金保证金引起的长时间资金占压，获得资金收益；与缴纳现金保证金相比，可以使有限的资金得到优化配置；权益得到更好的维护。

②对业主或买方的优点。合理制约承包人、供货方的行为，更好地维护自身利益；避免收取、退回保证金程序的烦琐，提高工作效率。

【存款量分析】

存款量起步在 5000 万元以上。保函保证金一般按保函金额的一定比例，如投标保函为合同金额的 5% ~ 10%；履约保函为合同金额的 10% ~ 20%。所以，此类保证金滞留也较为可观。

【开发难度】

开发难度适中，营销保函业务速度极为重要，通常索要保证金的比例不是竞争的关键。企业参与投标，开立保函往往属于非常紧急的事项，一般都希望银行以极快的速度办理。

只要业主方为特大型政府机构，例如政府公共资源交易中心、国家电网公司、中国石油、地铁公司等，这类机构非常规范，通常不会发起索赔。而施工企业本身在各项投标中，非常重视自身名声，也不会轻易触发保函的索赔条款，所以，保函业务风险相对较低。

【文本示范】

投标保函（试行）

编号：第____号

（招标人）：_____

鉴于_____（以下简称投标人）参加_____项目投标，应投标人申请，根据招标文件，我方愿就投标人履行招标文件约定的义务以保证的方式向贵方提供如下担保：

一、保证的范围及保证金额

我方在投标人发生以下情形时承担保证责任：

1. 投标人在招标文件规定的投标有效期内____年____月____日后至____年____月____日内未经贵方许可撤回投标文件；

2. 投标人中标后因自身原因未在招标文件规定的时间内与贵方签订建设工程施工合同；

3. 投标人中标后不能按照招标文件的规定提供履约保证；

4. 招标文件规定的投标人应支付投标保证金的其他情形。

我方保证的金额为_____元（大写：_____）。

二、保证的方式及保证期间

我方保证的方式：连带责任保证。

我方的保证期间：自本保函生效之日起至招标文件规定的投标有效期届满后____日，即至____年____月____日。

投标有效期延长的，经我方书面同意后，本保函的保证期间作相应调整。

三、承担保证责任的形式

我方按照贵方的要求以下列方式之一承担保证责任：

1. 代投标人向贵方支付投标保证金为____元。

2. 如果贵方选择重新招标，我方向贵方支付重新招标的费用，但支付金额不超过本保证函第一条约定的保证金额，即不超过____元。

四、代偿的安排

贵方要求我方承担保证责任的，应向我方发出书面索赔通知。索赔通知应写明要求索赔的金额，支付款项应到达的账号，并附有说明投标人违约造成贵方损失情况的证明材料。

我方收到贵方的书面索赔通知及相应证明材料后，在____个工作日内进行核定后按照本保函的承诺承担保证责任。

五、保证责任的解除

1. 保证期间届满贵方未向我方书面主张保证责任的，自保证期间届满次日起，我方解除保证责任。

2. 我方按照本保函向贵方履行了保证责任后，自我方向贵方支付（支付款项从我方账户划出）之日起，保证责任即解除。

3. 按照法律法规的规定或出现应解除我方保证责任的其他情形，我方在本保函项下的保证责任也解除。

我方解除保证责任后，贵方应按上述约定，自我方保证责任解除之日起____个工作日内，将本保函原件返还我方。

六、免责条款

1. 贵方违约致使投标人不能履行义务的，我方不承担保证责任。

2. 依照法律规定或贵方与投标人的另行约定，免除投标人部分或全部义务的，我方也免除其相应的保证责任。

3. 不可抗力造成投标人不能履行义务的，我方不承担保证责任。

七、争议的解决

因本保函发生的纠纷，由贵我双方协商解决，协商不成的，通过诉讼程序解决，诉讼管辖地法院为＿＿＿法院。

八、保函的生效

本保函自我方法定代表人（或其授权代理人）签字或加盖公章并交付贵方之日起生效。

保证人：

法定代表人（或授权代理人）：

＿＿＿年＿＿＿月＿＿＿日

履约保函范本

本保函是×××支行为××××有限公司与贵司签订的编号为××××购销合同提供的担保。本保函担保金额为＿＿＿元整。在本保证期内如因被保证人严重违约问题而给贵司造成的损失，我行将在收到你方符合下列条件的索赔通知后7个工作日，凭本保函向你方支付本保函担保范围内你方索赔的金额。

（一）你方的索赔通知必须以书面形式提出，索赔通知由你方法定代表人签字并加盖单位公章；

（二）你方的索赔通知必须在本保证期内送达本行；

（三）你方的索赔通知同时附有：

1. 声明你方索赔的款项并未由被保证人或其代理人以其他方式直接或间接地支付给你方；

2. 证明被保证人有上述违约事实并由双方认可的权威机构出具的书面鉴定材料。

本保函由本行法定代表人或授权代表人签字并加盖公章。本保函有效期＿＿＿个月，期满失效后请将保函退回我行，但无论正本是否退回，均视为自动失效。

银行盖章：

行长签字：

签发日期：　　　年　　　月　　　日

第十二招　预付款保函存款

【目标对象】

存款目标对象是施工企业、电力设备企业、飞机制造企业、造船企业等。

需要签发预付款保函的行业集中在造船、电力设备、公路、航空、地铁施工企业等，这类工程标的金额巨大，制造企业一旦决定造船、建造电力设备等，往往需要自行购买原材料，投入金额巨大，一旦业主方违约放弃，会给企业造成巨大风险，所以，必须向业主方索取一定比例的预付款作为保证金。

【使用产品】

1. 预付保函又称还款保函（repayment guarantee）或退款保函，在贸易合同中还可以称为定金保函（down - payment guarantee）。在大额交易中，买方或业主在合约签订后的一定时间内需预先向供货方支付一定比例的款项作为执行合同的启动资金，由于该款项是对供货方在履约之前的预付，买方为了避免日后由于供货方拒绝履行义务或者无法履行义务，却不退款而无端遭到损失，通常要求供货方在买方预付之前的若干日内通过其银行开出预付保函，由银行作出承诺，一旦申请人未能履约或者是无法全部履约（不管这种行为是有意的或者是无意的），担保行将在收到买方提出的索赔后，向其返还这笔与预付金额等值的款项，或者相当于合约尚未履行部分相当比例的预付金额，使买方能够顺利地收回所预付的款项。

2. 预付款保函。预付款保函的保证金可以后置，签发有条件的保证金后置保函，将获得的保证金存为大额定期存单。

3. 银行承兑汇票。银行承兑汇票作为质押物，为企业办理预付款保函。

【存款量分析】

存款量起步在 2000 万元以上。通常，预付款保函金额非常大，远远超过投标保函及履约保函的金额，会给银行带来非常可观的存款。

【开发难度】

开发难度较大。需要银行客户经理熟悉这些特定行业的经营运作特点，能够有针对性地设计金融服务方案。

预付款保函在国际承包业务中使用时，是由承包人通过银行向业主提供。保证书规定，如申请人不履行其与受益人订立的合同的义务，不将受益人预付、支付的款项退还或还款给受益人，则由银行向受益人退还该款项。

预付款保函除在国际工程承包项目中使用外，还适用于货物进出口、劳务合作和技术贸易等业务。例如，在成套设备及大型交通工具的合同中，通常采用带有预付性质的分期付款或延期付款支付部分价款。在这种交易中，进口方在签订合同后，向出口方开立履约保证书，由银行保证进口方按合同规定按期支付价款，同时，出口方也向对方开立还款保证书。如出口方不能按期交货，银行保证及时偿还进口方已付款项的本金及所产生的利息。

【文本示范】

不可撤销预付款保函

编号：＿＿＿＿＿＿＿＿

致：＿＿＿＿＿＿＿＿（以下简称受益人）：

鉴于＿＿＿＿＿＿＿（以下简称被担保人）已与受益人签订了合同编号为＿＿＿＿＿＿的＿＿＿＿＿＿（以下简称合同），工期自＿＿年＿＿月＿＿日至＿＿年＿＿月＿＿日，且受益人向被担保人支付了金额为＿＿的预付款。我方接受被担保人的委托，在此向受益人提供不可撤销的预付款保函：

一、本保函的最高担保金额为人民币（币种）￥＿＿＿＿＿＿（小写）＿＿＿＿＿＿（大写）。

二、本保函的有效期自＿＿年＿＿月＿＿日至＿＿年＿＿月＿＿日。

三、在本保函的有效期内，我方将在收到受益人经法定代表人或其授权委托代理人签字确认并加盖公章的关于受益人认定被担保人违反合同约定的书面索赔通知及本保函原件后 15 个工作日内，不争辩、不挑剔、不可撤销地向受益人支付索赔款，但累计索赔金额不得超过本保函的最高担保金额。

四、索赔通知应当说明索赔理由、索赔款额的计算方法，并必须在本保函的有效期内送达我方，超过有效期的索赔将不会再得到我方的任何支付，保函到期后，无论受益人是否退回保函原件，我方的担保责任均自动解除。

五、本保函项下的权利不得转让。

六、我方提供本保函担保后，受益人与被担保人对合同进行修订的，应当将修订后的合同原件送我方备案。

七、本保函的有效期届满，或我方向受益人支付的索赔款已达本保函的最高担保金额，我方的担保责任免除。

八、本保函适用中华人民共和国法律。

九、本保函以中文文本为准，涂改无效。

担保人：　　　　　　　　　　　　（盖章）

负责人人或其授权委托代理人（签字或盖章）：

单位地址：

邮政编码：　　　　　　电话：　　　　　　传真：

日期：　　年　　月　　日

（本保函失效后，请将原件退回我方注销）

专用资金监管协议
（银贸企协议）

甲方：××银行股份有限公司××分行

地址：

负责人：

乙方：××进出口公司

地址：

法人代表：

丙方：××有限公司
地址：
法人代表：

第一章　总　则

第一条　鉴于××银行股份有限公司××分行（以下简称甲方）于____年____月____日（以下简称乙方）代理_____（以下简称丙方）出口（船体号：）项目（以下简称项目）开立了总金额为____的预付款保函，保函编号为____，担保期限至____年____月____日和____年____月____日。甲方将监控乙、丙两方上述出口船舶预付款的专款专用，经甲、乙、丙三方友好协商，达成本协议。

第二条　丙方同意乙方承办上述出口船舶信用证的开立，结算和该项目船舶预付款资金往来划拨、结汇等事宜。甲乙双方按照本协议有关条款对船舶的建造、丙方的财务状况以及该船舶预付款资金的使用与偿还情况实施监督管理。

第三条　乙、丙双方同意按照甲方的要求办理在建船舶抵押及在建船舶险第一受益人的转让事宜。

第二章　专用资金监管账户的设立

第四条　为保证项目的正常执行，乙方在甲方开立美元收汇及结算资金账户。账户内上述船舶预付款的动用均受本协议约束。

开　户　行：_____
地　　　址：_____
美 元 账 号：_____
人民币账号：_____

第三章　结算资金账户的监督管理

第五条　上述出口船舶项下的预付款资金全部存入乙方在甲方开立的美元预收汇账户，使用资金须全部用于该项目出口船舶的建造。每一笔用款均须注明用途，凭乙方加盖预留印鉴的支款凭证和丙方加盖预留印鉴的用款申请书支取款项。乙方因建造出口船舶申请开立信用证时，甲方凭乙方开证申请书、船厂确认书和进口合同收取保证金并办理对外开证，凭乙方签章确认的信用证承兑/付汇通知书对外付汇。乙方应妥善保管所有支款单。

第六条　丙方为该项目国内大宗材料、设备的采购，丙方须向乙方提交设备采购合同副本、用款申请等，经乙方审核确认后，据此按建造阶段将所需的建造资金由乙方委托甲方直接支付给丙方，乙方也可根据丙方的付款指示，委托甲方直接支付给设备供应商。

第七条　丙方须在用款前将船厂的用款计划提供给乙方，作为乙方核对丙方用款目的及款项划拨依据。乙方应按季向甲方报送该项目进展情况。

第八条　乙方应监督丙方的财务状况及其他重要情况；丙方应为乙方获得上述情况提供便利，并根据乙方要求提供真实、准确的经营管理和财务状况，按季度将船舶建造进展情况书面通报乙方，每季向乙方提供财务报表。

第九条　对于本项目下的银行结算费用，包括开证手续费、邮电费、汇划手续费、开立保函费等，甲方可根据事先约定直接从专用账户中支取，乙方保留好支取凭证并及时通知丙方。

第十条　乙方在下列情况发生时，应立即书面通知甲方：

1. 丙方发生重大变化，如企业改制、合并、分立、对外投资、联营或企业内部重大人事变动等；

2. 丙方对其他银行或企业发生违约行为，资信下降；

3. 丙方财务状况恶化。

第十一条　甲方对乙方、丙方为该项目办理的用款申请（见附件），应尽量减少审批环节，及时办理支付。

第四章　在建船舶抵押

第十二条　船舶抵押应严格遵循××银行信贷管理的要求，在船舶上船台后，由乙丙双方办理该项目船体号为_____在建船舶的抵押手续，抵押权人为甲方。

第十三条乙方、丙方将其投保的该项目船舶建造险的保险第一受益人转让给甲方。

第五章　违约责任

第十四条　乙方、丙方未履行或未全部履行本协议规定的管理职责、资金专款专用原则，或擅自超越权限造成专用资金监管失控，导致甲方对外承担担保责任的，甲方有权采取要求乙方、丙方赔偿经济损失、追究法律责任等措施。

第十五条　如因乙方与第三方发生经济纠纷，导致司法机关对该监管资金查封、冻结、扣划，由此造成的损失，乙方无权要求甲方赔偿。但甲方有及时通知乙方，由乙方采取合理应对措施的义务。

第六章　附　则

第十六条　本协议经甲、乙、丙三方签字盖章后生效，至预付款保函全部失效之日，即＿＿＿年＿＿＿月＿＿＿日。若预付款保函延期，本协议期限自动相应延长。

第十七条　本协议生效后，甲、乙、丙三方任何一方不得擅自更改或取消本协议的任何条款。三方同意本协议未尽事宜由甲、乙、丙三方协商解决。

第十八条　本协议在履行中如需修改，各方应协商解决，如协商不成时，任何一方可向甲方所在地人民法院起诉。

第十九条　本协议一式三份，甲、乙、丙三方各执一份。

甲方	乙方	丙方
(法定代表人或授权签字人)	(法定代表人或授权签字人)	(法定代表人或授权签字人)
签字	签字	签字
盖章	盖章	盖章
年　月　日	年　月　日	年　月　日

附件：

用款申请书

编号：

××进出口公司：

××银行股份有限公司××分行：

　　根据我公司和××进出口公司及××银行股份有限公司××分行签订的专用资金监管协议，现送上我公司____年____月____日至____年____月____日用款计划及相关依据，申请对外支付，另请结汇相应金额的美元，请审批。

　　本次结（用）汇前监管账户资金余额，

　　附表一：用款计划申请表

　　附表二：《用款申请》的资金使用情况表

××有限公司

年　　　月　　　日

　　××进出口公司审查意见：

（签章）

年　　　月　　　日

附表一

用款计划申请表

国内支付（结汇人民币）			
一、采购	合同主要内容	数量	金额
小计			
二、人工费	人工费内容	用工数量	金额
小计			
三、专项费用	项目主要内容	数量	金额
小计			
四、其他费用			
合计			

续表

对外支付（外汇）		
	合同内容说明	金额
一、设备采购	进口设备	
小计		
	国内设备	
1.		
2.		
3.		
小计		
二、船东佣金		
小计		
三、中间商佣金		
四、船级社费用		
小计		
合计		

注：内容要写明合同编号、购买标的名称、对方的名称、交货日期、在造船过程中的用途和作用。

附表二

《用款申请》的资金使用情况表

国内支付（结汇人民币）				
一、采购	内容	数量	金额	付款凭证、发票份数
1.				
2.				
小计				
二、人工费	内容	用工数量	金额	付款凭证份数
1.				
2.				
小计				
三、专项费用	内容	数量	金额	付款凭证、发票份数
1.				
2.				
小计				
合计				

对外支付（外汇）			
	内容说明	金额	付款凭证、发票份数
一、设备采购			
1.			
2.			
小计			
二、船东佣金			
1.			
2.			
小计			
三、中间商佣金			
1.			
2.			
小计			
四、船级社费用			
1.			
2.			
小计			
合计			

第十三招　旅行社保证金存款

【目标对象】

存款目标对象是当地市旅游局、旅行社等。如众信旅游有限公司、中旅总社、中青旅公司、凯撒旅游有限公司等客户。

由于旅行社经常被投诉，所以，旅游局提出各家旅行社需要缴存保证金，冻结在银行，一旦出现纠纷，使用保证金赔偿客户。

【使用产品】

旅行社必须在指定银行开设旅游保证金监管账户，足额存入旅游保证金。

【存款量分析】

存款量起步在500万元以上。北京、上海、云南、海南、浙江、四川等旅游资源大的省、市，旅行社众多，需要缴存的旅游保证金非常可观。

由于经常出门旅游的多属稳定收入阶层，而出国旅游的多属富裕人群，收入相对较高，这类客户非常值得银行深度开发。

【开发难度】

开发难度适中。银行需要首先开发当地旅游局，入围旅游保证金监管银行；其次，开发旅行社，使旅行社愿意将旅游保证金存入银行。

【政策依据】

旅行社质量保证金存取管理办法

旅行社质量保证金（以下简称保证金）是指根据《旅行社条例》的规定，由旅行社在指定银行缴存或由银行担保提供的用于保障旅行者合法权益的专项资金。

第三条　依据《旅行社条例》第十三条第一款的规定，为旅行社开设保证金专用账户或提供保证金担保业务的银行，由国家旅游局指定。国家旅游局本着公开、公平、公正的原则，指定符合法律、法规和本办法规定并提出书面申请的中国境内商业银行作为保证金存储银行。

旅行社须在国家旅游局指定的范围内，选择一家银行（含其银行分支机构）存储保证金。保证金实行专户管理，专款专用。银行为旅行社开设保证金专用账户。当专用账户资金额度不足时，旅行社可对不足部分申请银行担保，但担保条件须符合银行要求。

国家旅游局关于规范出境游保证金有关事宜的通知

旅发〔2015〕281号

一、高度重视，部署开展出境游保证金的清理

　　各地要立即部署本地出境社、经营出境旅游业务的旅行社分社及出境社设立的服务网点，开展对出境游保证金收取情况的自查清理。如收取出境游保证金的，均应采取银行参与的资金托管方式，不得以现金或现金转账方式直接收取保证金，不得要求旅游者将出境游保证金直接存入旅行社及其工作人员提供的个人账号。存在以上问题的，要立即进行整改。

二、加强指导，规范出境游保证金的收取

　　各地要督促尚未实行出境游保证金银行托管的旅行社，积极与当地商业银行开展合作，建立长期、稳定的出境游保证金银行托管工作机制；向游客充分披露相关信息，并签订由旅行社、旅游者、银行参与的出境游保证金三方托管协议，明确各方权利义务，明确资金冻结的期限，资金解冻的条件、流程，以及划扣保证金的条件、期限、文本格式、账户信息等主要事项。

三、扩大宣传，强化风险防范意识

　　各地要加强宣传，提高出境游保证金银行托管机制的社会知晓率和影响力，引导旅游者主动选择银行托管方式缴纳出境游保证金，保障资金安全。如遇出境游保证金不能按约退还的情况，应及时向公安机关报案，维护自身合法权益。要积极引导出境社强化风险防范意识，加强内部管理，杜绝财务安全隐患。

【文本示范】

旅游服务质量保证金存款协议书

　　为加强对旅游服务质量保证金的管理，根据《旅游法》等规定，旅行社和银行就旅游服务质量保证金（以下简称保证金）管理事项达成以下协议：

一、该保证金属于旅行社依法缴存、保障旅游者权益的专用资金，除发生《旅游法》第三十一条、《旅行社条例》第十五条、第十六条规定的情形外，任何单位和个人不得动用保证金。

二、银行对旅行社存入的保证金，按照____年定期、到期自动结息转存方式管理，中途提取的部门按活期结息，全部利息收入归旅行社所有。

三、旅行社不得将保证金存单用于质押，银行应在出具的存单上注明"专用存款不得质押"字样。

四、保证金支取按照如下方式进行：

（一）旅行社因解散或破产清算、业务变更或撤减分社减交、三年内未因侵害旅游者合法权益受到行政机关罚款以上处罚而降低保证金数额50%等原因，需要支取保证金时，银行根据许可的旅游行政主管部门出具的旅游服务质量保证金取款通知书等有关文件，将保证金直接退还给旅行社。

（二）发生《旅行社条例》第十五条规定的情形，银行应根据旅游行政主管部门出具的旅游服务质量保证金取款通知书及旅游行政主管部门划拨旅游服务质量保证金决定书，经与旅游行政主管部门核实无误后，在5个工作日内将保证金以现金或转账方式直接向旅游者支付。

（三）发生《旅行社条例》第十六条规定的情形，银行根据人民法院判决、裁定及其他生效法律文书从保证金账户中扣取。

（四）发生《旅游法》第三十一条规定的紧急救助情形，银行根据旅游行政主管部门出具的旅游服务质量保证金取款通知书及关于使用旅游服务质量保证金垫付旅游者人身安全遇有危险时紧急救助费用的决定书后24小时内，经与旅游行政主管部门核实无误后，将保证金以现金或转账方式直接向当事旅行社提供。

按照第（一）（二）（三）（四）项规定的方式执行时，对超出旅行社存缴保证金数额的，银行不承担任何支付义务。

五、旅游行政主管部门、人民法院按规定划拨保证金后3个工作日内，银行应将划拨数额、划拨单位、划拨依据文书等情况通知旅行社和许可的旅游行政主管部门。

六、银行应每季度将保证金存款对账单一式两份，分别发送给旅行社和许可的旅游行政主管部门。

七、本协议一式两份，旅行社和开户银行各存一份，复印件送许可的旅游行政主管部门备案。

附注一：存款原因（选择其一）：

1. 新设立（　　　）；

2. 业务变更增存（　　　）；

3. 设立分社增存（　　　）；

4. 旅游行政主管部门划拨补交（　　　）。

附注二：许可的旅游行政主管部门、旅行社及开户银行基本信息：

1. 许可的旅游行政主管部门名称：

通信地址及邮编：

联系人及联系电话：

2. 旅行社名称：

通信地址及邮编：

法定代表人姓名及联系电话：

3. 开户银行名称：

通信地址及邮编：

联系电话：

旅行社（盖章）

法定代表人或授权代表人签字：　　　签字时间：

开户银行（盖章）

法定代表人或授权代表人签字：　　　签字时间：

第十四招　供应链融资存款

【目标对象】

存款的目标对象是核心企业。核心企业通常都是上下游产业链非常清晰，资金运作量较大的制造类企业，例如汽车、家电制造、化肥制造类企业等。

【使用产品】

使用产品包括反向保理、保兑仓、监管账户、交易双边融资。

核心企业向银行推荐上下游企业，银行借助核心企业将信用迁移到上下游配套企业，对上下游配套企业提供融资，而上下游配套企业本身通过银行承兑汇票等用信工具来制造存款。

供应链融资是银行拓展存款最有效的方式，可以沿着核心企业产业链进行纵深开发，并通过提供银行承兑汇票方式，获得可观的存款回报。

【存款量分析】

存款量起步在 5000 万元以上。

银行为核心企业核定 5000 万元担保额度，由核心企业切分给经销商签发银行承兑汇票，经销商缴存 50% 保证金，银行就可以获得 5000 万元存款。

【开发难度】

开发难度适中，需要银行客户经理熟悉核心企业的经营管理规律，能够根据核心企业的经营规律设计供应链融资方案。

【案例】

××省交通厅供应链授信案例

一、企业基本情况

××省交通厅负责××省内高速公路的建设、施工、资金筹措、资金管理、收费等业务。××省交通厅对××省高速公路的建设和运营坚持实行集中统一的管理体制，即统一制定规划，统一组织建设，统一收费还贷，统一运营管理。各项规费收入 128 亿元，累计利用贷款 554 亿元，累计偿还贷款 77 亿元，高速公路贷款余额 477 亿元。

　　××省交通厅是银行的核心客户，除传统业务存款、贷款及结算外，双方还在利率互换、信托理财及公路票据通业务方面进行了合作。该客户的银行贷款规模约 36 亿元，日均存款 19 亿元，结算资金规模 300 亿元，办理票据通 2.3 亿元，办理信托理财 50 亿元，实现利率互换收益 1228 万元，单户全年净收益约 9000 万元。

二、银行提供的授信方案

（一）产业链条架构

上游客户：钢材供应商、水泥供应商、沥青供应商

核心客户：××省交通厅、××省高速公路管理局、××省高速公路建设局

下游客户：各大施工企业、工程承包商

（二）融资方案设计

1. 上游客户融资方案。

　　××省交通厅为确保重要工程的质量，有选择地统一采购钢铁、水泥、沥青等原料。在采购过程中，可应用保函、货押融资、应收账款质押、隐蔽型保理等金融产品。以沥青供应商为例，相关公司参与高速公路投标，需开具投标保函。中标后，授信品种主要是进口开证或开立国内信用证，可进行现货或进行未来货权质押（可采用到港监管再转至现货质押）。

2. 核心客户融资方案。

　　××省交通厅为统贷统还式管理，贷款资金到账后，将划至××省高速公路建设局，用于支付施工和材料费用。由于××省交通厅在各家银行授信较多，传统贷款方式对其缺乏吸引力。银行认真分析交通厅需求，从降低财务费用的角度出发，设计了如下方案：

（1）中长期流动资金贷款。随着高速公路逐步竣工和运营，项目融资陆续到期，道路的养护日益重要，在此阶段，适合做中长期流动资金贷款。

（2）公路票据通。由于贷款规模加大，交通厅的财务负担较为沉重。

因此，对于工程承包款项和劳务款项，可采用票据付款方式，降低财务成本。具体操作是，以××省交通厅作为授信主体，授权其下属单位××省高速公路建设局使用其授信额度，办理银行承兑汇票及配套买方付息贴现业务，向供应商付款。

（3）公路建设资金监管。由于建筑施工企业挪用项目建设资金、拖欠工人工资等现象时有发生。为此，银行可根据高速公路建设局的资金监管要求，协助监管相应建设资金。具体操作是，银行为交通厅发放贷款，划入高速公路建设局专户，银行与高速公路建设局约定，委托银行对项目资金进行管理，银行与施工企业签订资金监管协议，对项目资金进行管理，对符合高速公路建设局规定的资金予以支付。

3. 下游客户融资方案。

建筑类施工企业在参与高速公路建设中可应用银行的产品较多，如开立信贷证明进行资格预审，交纳投标保证金（可进行贷款）或开立投标保函，中标后开立履约保函和预付款保函并交纳履约保证金（可进行贷款）。在工程建设过程中，××省高速公路建设局按工程进度拨付资金，银行可根据工程进度提供中短期流动资金贷款或保理。

【点评】

　　银行改变传统的项目贷款融资方式，以交通厅为核心客户，成功拓展了上游材料供应商、下游施工单位，针对客户的资金支付与管理要求，设计了流动资金贷款、银行承兑汇票、买方付息票据贴现、保理、保函等多项融资产品和资金监管产品，降低了客户的财务成本，提高了银行的综合收益，具有较好的示范效应。

【文本示范】

银行反向保兑仓业务三方协议

编号：

甲方（卖方/供货商）：

地址：

法定代表人：

电话：

开户行：

账号：

乙方（买方/经销商）：

地址：

法定代表人：

电话：

开户行：

账号：

丙方（银行分/支行）：

地址：

负责人：

电话：

甲、乙、丙三方一致同意合作开展反向保兑仓业务，为明确各方在反向保兑仓业务中的权利和义务，经各方自愿平等协商一致订立本合同，以共同遵守。

第一条　本协议所用术语含义

反向保兑仓业务：丙方向乙方提供授信定向用于向甲方购买货物，并委托甲方保管货物，随着乙方交存保证金，甲方根据丙方指示向乙方发送相应价值的货物；如授信到期甲方尚未发完货物，甲方将承担未发货部分的退款或商品回购责任。

保证金：在本协议丙方提供对应的授信产品项下，乙方向丙方交存的用于满足丙方授信条件及封闭丙方授信产品敞口的资金。

发货通知书：丙方根据乙方交存保证金数额向甲方签发的、甲方凭以发运本协议项下货物的唯一书面凭据。

第二条 反向保兑仓业务项下的融资

（一）根据乙方申请及乙方提供甲乙双方的购销合同及业务贸易背景等资料，经丙方审查通过，丙方为乙方提供下述银行授信产品专项用于购买甲方货款，金额最高不超过人民币（大写）_____万元，期限一年，可循环使用，并与乙方签订_____授信协议。

□银行承兑汇票　□国内信用证　□封闭贷款

□其他（请具体列明）

（二）乙方向丙方申请的授信产品金额及期限等应与购销合同的内容相应。

第三条 丙方依据甲乙双方的购销合同和相应贸易背景材料以及与乙方签订的协议：

□开具申请人为乙方，收款人为甲方的银行承兑汇票，直接交给或通过 EMS 邮寄给甲方指定专人。甲方收到后，应向丙方出具收到确认函（附件 2）。

□开立申请人为乙方，受益人为甲方的信用证，直接交给或通过甲方指定银行通知甲方。

□根据乙方指令，将融资款项直接支付给甲方账户。

户　名：_____

账　号：_____

开户行：_____

第四条 提货

（一）乙方每次提取合同项下的货物时，需向丙方提出申请，并填写提货申请书（附件 3）。同时向乙方在丙方开立的保证金账户中存入相当于该次提货金额的保证金（或归还相当于该次提货金额的融资款项）。

（二）丙方核对乙方交存的保证金数额（或归还相当于该次提货金额的融资款项）与提货申请书中的提货金额相符后，根据交存保证金的数额在____个工作日内向甲方发出发货通知书（附件 4）。丙方累计通知发货的金额不能超过乙方在丙方开立的保证金账户中保证金的余额（或归还相当于该次提货金额的融资款项）。

（三）甲方收到丙方出具的发货通知书后，向丙方发出发货通知书收到确认函（附件5），同时按照丙方的通知金额向乙方发货。

（四）丙方出具的发货通知书是甲方向乙方发货的唯一凭证。甲方保证其向乙方发货只凭丙方开具的发货通知书，并严格按照发货通知书的内容发货，其累计实际发货金额不能超过丙方累计通知发货金额。

若甲方未按丙方出具的《发货通知书》中规定的金额发货，甲方和乙方之间由此产生的纠纷与丙方无关，丙方对甲乙双方的损失不承担任何责任。

（五）乙方收到甲方的发货后，应向丙方出具《货物收到告知函》（附件6）。

（六）为了确保本协议准确执行无误，甲、乙、丙三方约定：

1. 指定专人负责联系和操作本合同项下的业务。如有变动，应当立即书面通知各方，在对方收到书面通知之前，原经办人员所办理的业务仍然有效。

2. 各方在业务发生前预留印鉴和签字样本（附件1），业务办理过程中，收到收到确认函、提货申请书、发货通知书、发货通知书收到确认函、货物收到告知函等文件后，应认真核对印鉴和签字是否与预留样本相符，并对核对结果负责。

3. 发货通知书、发货通知书收到确认函、货物收到告知函等重要文件应派专人直接送达。不能专人直接送达的，应采用快递或挂号信等稳妥方式传递，同时应电话通知对方。

（七）甲、乙、丙三方应视提货发生频率定期对账（但每月不能少于一次），任何一方都应无条件给予配合。三方如出现核对不一致的情况时，应立即停止办理发货手续，查明原因并解决后，由各方书面确认后方可重新执行本协议。

第五条　银行授信产品到期

（一）银行授信产品到期前，如果授信产品全额封闭敞口，即丙方累计出具的发货通知书货款总金额达到授信产品总金额时，则该笔反向保兑仓业务正常结束。

（二）银行授信产品到期前 10 个工作日，如果银行授信产品没有全额封闭敞口，即丙方累计出具的发货通知书货款总金额小于银行授信产品总金额时，丙方向甲方发出退款通知书（附件7）。甲方收到退款通知书7个工作日内，必须无条件按退款通知书的要求将差额款项汇入乙方在丙方开立的保证金账户。

如果甲方没有按时退款，乙方作为银行授信产品申请人应无条件向丙方提供资金，封闭银行授信敞口。银行授信产品到期时，若甲方未将差额款项退还丙方且乙方未提供资金致使丙方在本协议项下所提供的授信出现逾期，则甲方应按日利率向丙方支付罚息，且丙方有权依法处置相应货物。

（三）丙方将以登记台账方式记载融资情况，并定期与甲方核对。

第六条 声明和保证

（一）协议各方均为依法成立并合法存在的机构，有权以自身的名义、权利和权限从事本协议项下的业务经营活动并以自身的名义签署和履行本合同。签署本协议所需的有关文件和手续已充分齐备及合法有效。

（二）甲乙双方保证其双方不存在资本控制和参与关系，在购销合同签订之前无任何未决争议或债权债务纠纷。

（三）甲方向丙方退还差额款项的责任是独立的，甲方和乙方之间、甲方和丙方之间的任何合同或者争议或任何条款的无效都不影响甲方的退款责任。

（四）甲方声明并保证其向丙方退回差额款项是无条件的，无须丙方先向乙方索偿或丙方先对乙方采取任何法律行动；产品质量、商品价格、交货期限、购销合同等变动不影响甲方无条件退回差额款项的义务。

（五）签署本合同是各方自愿的，是各自真实意思的表示。

（六）各方将按照诚实信用原则履行本合同，并给予本合同各方必须的协助和配合。

第七条 服务与收费

为保证反向保兑仓项下的销售合同按时交付货物，丙方应向乙方（每月/每季）提供发货情况变化、货物价格变化、主要行业信息及等增值服务。服务项目及资料提供方式为第_____种（1. 书面资料；2. 电子邮件；3. 其他）方式。

鉴于丙方向乙方提供的以上服务，乙方向丙方支付商品融资业务管理费，收取方式为以下第_____种：

　　1. 丙方一次性收取。乙方自本协议生效之日起即予支付____元。

　　2. 丙方根据反向保兑仓业务发生次数收取。乙方每次申请业务时按购销合同的贸易金额的_____（费率）向丙方支付业务管理费用。

　　第八条　违约责任

　　本合同任何一方违反本合同的任何条款（包括声明和保证条款）均构成本合同项下的违约行为，对于其违约行为给守约方造成的损失，应负责赔偿，赔偿损失的范围包括但不限于本金、利息、罚息、可以预见的可得利益及实现债权的所有费用。

　　第九条　其他约定

　　第十条　争议解决

　　本合同项下的和本合同有关的一切争议、纠纷均由各方协商解决，协商不成的，应向违约方所在地的有管辖权的人民法院提起诉讼。

　　第十一条　合同生效

　　本合同经各方授权代表签字并加盖公章后生效，有效期限：

　　自____年____月____日至____年____月____日。

　　第十二条　合同文本及附件

　　本合同涉及的附件是合同不可分割的组成部分。

　　本合同一式____份，每方各执一份，每份具有同等法律效力。

甲方（公章）：　　　　　　乙方（公章）：　　　　　　丙方（公章）：
法定代表人(授权代表)：　　法定代表人(授权代表)：　　法定代表人(授权代表)：
　年　　月　　日　　　　　年　　月　　日　　　　　年　　月　　日

　　附件1

预留印鉴证明书

　　为了保障_____公司（卖方）、_____公司（买方）和银行签订的编号为（　　）的银行反向保兑仓业务三方协议能安全、顺利地执行，各方将指定专人负责联系工作，并在此预留印鉴和签字样本。本业务项下的收到确认函、提货申请书、发货通知书、发货通知书收妥确认函、货物收妥告知函、退款通知书上的印鉴和签字必须与下面预留样本相符方为有效。

1. 卖方（甲方）：	2. 买方（乙方）：
印鉴样本：	印鉴样本：
有权签字人签字样本：	有权签字人签字样本：
3. 银行（丙方）：	
印鉴样本：	
有权签字人签字样本：	

　　本预留印鉴证明书一式____份，协议方各执一份，具有同等效力，并据此核对有关业务附件和单据。如任何一方需更改预留印鉴和签字样本，应提前书面通知另外各方。

（本页无正文）

卖方（甲方）

(公章)：

法定代表人或授权代表：

　　年　　月　　日

买方（乙方）

(公章)：

法定代表人或授权代表：

　　年　　月　　日

银行（丙方）

(公章)：

法定代表人或授权代表：

　　年　　月　　日

附件2

收到确认函

编号：

_____银行分（支）行

作为编号为_____银行反向保兑仓业务三方协议项下的卖方，我公司已收到由公司（买方）签发的银行承兑汇票/划付的采购款项。

1. 银行承兑汇票。有关信息如下：

汇票号码	签发日期	到期日期	票面金额

2. 划付资金（大写）_____万元

公司（卖方）：
有权签字人（预留印鉴）：
年　　月　　日

附件3

提货申请书

编号：

_____银行分（支）行

根据编号为_____的银行反向保兑仓业务三方协议下开具的1. 银行承兑汇票（编号为_____，金额共_____）2. 划付资金_____（大写）的项下，我公司现申请提取_____（商品名称），金额为_____（大写）。我公司已经将相应款项划付贵行，用于封闭银行相应的授信敞口，请贵行核查后向公司（卖方）开出发货通知书。

申请人：_____公司
有权签字人（预留印鉴）：
年　　月　　日

附件4

发货通知书

编号：

_____公司（卖方）：

根据银行与贵公司及_____（买方）签订的银行反向保兑仓业务三方协议（编号）_____约定，经本行审查，同意_____公司（买方））向贵公司提取（商品），其价值为人民币（大写）_____，请贵公司按此金额为限办理发货手续。

到本次发货通知书（含本通知书）为止，本行通知贵公司在上述《银行反向保兑仓业务三方协议》项下 1. 银行承兑汇票/2. 划付资金向买方发货的价值累计金额为（大写）_____。

_____银行

有权签字人（预留印鉴）：

____年____月____日

附件5

发货通知书收到确认函

编号：

致：_____银行分（支）行

我公司（卖方）已于____年____月____日收到贵行出具的，号码为_____银行承兑汇票项下发货通知书（编号：_____），我公司将按发货通知书中告之的____元（价值）限额发货。

特此确认。

_____公司

（预留印鉴）：

____年____月____日

附件6

货物收妥告知函

编号：

致：_____银行分（支）行

我公司（买方）已于____年____月____日收到银行反向保兑仓业务三方协议（编号_____）项下 1. ____号银行承兑汇票/2. 划付_____万元的资金项下（卖方）发出的货物名称，价值（大写）_____（元）数量为_____。

特此告知。

_____公司（买方）

（预留印鉴）：

____年____月____日

附件7

退款通知书

公司（卖方）：

根据银行与贵公司及_____公司（买方）签订的银行反向保兑仓业务三方协议（编号）_____约定：

（1）银行签发了贵公司为收款人的银行承兑汇票，具体如下：

汇票号码	签发日期	到期日期	票面金额

（2）银行划付了_____万元的资金。

截至今日，贵公司已累计发货_____（金额大写），应退货款_____（金额大写）。请贵公司于收到本通知书后_____日内将上述应退货款付至以下银行账户。

银行名称：

户名：

账号：

备注：

　　　　　　　　　　　银行

有权签字人（预留印鉴）：

　　年　　月　　日

第十五招　大宗商品交易中心交易资金监管存款

【目标对象】

存款目标对象是大宗商品交易买方。

在股权交易、民间土地交易环节，往往买卖双方彼此不信任，但是又都希望交易达成，满足双方的商业需要。这时候，买卖双方都认可银行的信用，首先将交易资金存入银行，待交易实际交割完毕，再将资金划付给卖方。

【交易流程图】

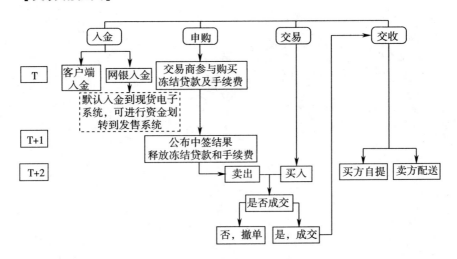

现货发售模式交易流程图

【使用产品】

1. 资金监管账户此业务属于银行的中间业务，会给银行贡献可观的中间业务手续费收入，一般为交易金额的 0.1% ~ 0.3% 。

2. 大宗商品交易买方贷款。银行对从事大宗商品交易的买方提供定向贷款，帮助买方达成交易。

【存款量分析】

大宗商品交易往往金额巨大，单笔交易金额起步在 100 万元以上，通常小金额的交易根本不需要银行监管，超过百万元就需要引入银行的信用。一家银行开办此类业务，带来的存款都会过亿元。

【开发难度】

开发难度适中，需要银行有部分精通法律的优秀客户经理，能够根据客户的大宗交易特点，进行个性化的协议设置。

【案例】

青岛市××电器制造公司收购广东××科技集团
持有的广东××股份有限公司的全部国有股股份

青岛市××电器制造公司是青岛市著名的大型电器制造企业，公司注册资本达6亿元。公司经营范围包括家电制造和销售、土地的开发经营、商品信息服务等。

公司准备收购广东××科技集团持有的广东××股份有限公司的全部国有股股份，收购金额达5.6亿元。由于交易需要涉及股东大会讨论、完成交易所的过户变更等程序，过程复杂，不确定性因素较大，同时交易金额巨大，双方针对付款条件一直在谈判中。

某银行长期跟踪青岛市××电器制造公司，发现青岛市××电器制造公司准备的此次交易机会后，银行认为可以提供交易资金见证监管业务，并积极向青岛市××电器制造公司进行了游说，由银行居间保证交易的安全，经过营销青岛市××电器制造公司和广东××科技集团，双方同意由银行居间担保。

在青岛市××电器制造公司授信额度获得批准后，银行发放了2亿元1年期贷款（青岛市××电器制造公司承诺，在交易资金监管见证书确定股权过户日前银行贷款到期，青岛市××电器制造公司将银行的2亿元贷款全部还清，并继续提供2亿元现金作为担保）。另外，青岛市××电器制造公司提供3.6亿元资金，办理了5.6亿元的定期存款。该笔存款进行冻结质押后，银行向交易双方出具了交易资金监管见证书。交易双方拿到交易资金监管见证书后，完成股权过户变更，在卖方提交××交易所的股权过户变更通知书后，银行将5.6亿元监管资金全部划入广东××科技集团账户。

类似青岛市××电器制造公司这样的股权收购客户很多，这类客户的一个共同特点就是非常渴望交易的完成，但是因为交易的过程存在太多不确定性而顾虑重重，银行居间交易资金监管见证就可以有效确保交易的安全，所以说银行在营销客户的时候，不能一味地推销自己的流动资金贷款等常规产品，而应当根据企业在现实的经营过程中遇到的问题，合理组合银行的产品，这样切入企业的机会无时不在，对企业而言，银行存在的价值更大。

【文本示范】

银行交易资金监管服务合作协议
（大宗商品交易市场两方协议）

甲方：中国××银行　　　　　　分行

通信地址：

法定代表人（或授权代理人）：

联系人：

邮政编码：

联系电话：

传真：

乙方：

通信地址：

法定代表人（或授权代理人）：

联系人：

邮政编码：

联系电话：

传真：

甲方作为可提供交易资金监管服务的金融机构，乙方作为大宗商品交易市场，为推动甲乙双方的业务合作，方便乙方会员交易资金的划拨，双方本着自愿、平等、互利的原则，经友好协商就交易资金监管服务合作相关事宜达成以下协议（以下简称本协议）：

第一章　术语与约定

第一条　商户：使用甲方交易资金监管系统进行交易资金监管的大宗市场（本协议中特指乙方）。

第二条　会员：本办法所称会员特指在乙方大宗市场中参与交易的买方和卖方。

第三条　资金监管服务：依托中国××银行支付结算渠道及资金监管系统，为乙方以及乙方会员提供资金划拨、交易保证金监管等服务。

第四条　交易保证金汇总监管账户：甲方为乙方开设的用于存放乙方会员交易资金的结算账户，该账户需与乙方自有资金账户严格区分。甲方柜台端不支持该账户的转出及取现交易，销户时利息划转除外。

第五条　自有资金账户：乙方为了参与大宗市场交易支付服务的结算，在甲方开立的对公活期账户，用于资金划拨及商户手续费等款项的扣收。

第六条　会员指定结算账户：会员为了参与交易资金监管结算，在甲方或其他银行开立的活期账户，用于入金、出金等资金划转。

第七条　入金：会员将资金存入乙方在甲方开立的交易保证金汇总监管账户的过程。

第八条　出金：根据会员要求，将资金从乙方的交易保证金汇总监管账户划转至会员结算账户的过程。

第二章　合作目的和原则

第九条　甲乙双方必须遵守国家法律、法规和监管制度，在平等、互补、诚信的基础上，以建立长期的业务合作关系和实现双方业务共同发展为目的。

第十条　银行不垫款原则。双方的合作应遵循中国人民银行和银监会规定，甲方不垫付资金。

第十一条　乙方自愿选择甲方作为合作银行，由甲方提供交易资金监管及相关配套金融服务。

第三章　合作的范围和内容

第十二条　甲方、乙方、会员及乙方与会员之间签署的协议内容与格式必须事先经甲乙双方相互认可。

第十三条　交易资金监管服务（大宗商品交易）的主要服务内容：

甲方向乙方提供柜面交易资金监管签约、变更、解约服务。

乙方受理会员开通、变更和撤销参与乙方大宗市场交易的申请。甲方接收乙方确认可参与大宗市场交易的会员信息。

甲方收到乙方提供的会员信息后，将在交易资金监管系统中同步处理会员信息。为了保证乙方会员的操作安全性，如会员指定结算账户为在甲方开立的结算账户，会员须登录甲方网上银行进行账户激活后方可使用。

甲方的柜面及网上银行渠道均提供入金、信息查询服务，但不提供出金服务。

乙方会员出金须由乙方系统发起交易指令，甲方接受交易指令并对收款人户名与甲方会员名称或乙方名称进行同户名一致性校验。

为了便于乙方开展交易资金监管业务，甲方还可为乙方提供现金管理服务。

第十四条　交易资金监管服务（大宗商品交易）包含三种服务模式，经双方确认后可选择其中一种。

（一）存管模式：乙方在甲方不设会员分户账，甲方仅对乙方交易保证金汇总监管账户进行监管。

（二）实时监管模式：甲方在交易资金监管系统为乙方设立会员分户账，会员每发生一笔交易，乙方都实时通知甲方，甲方交易资金监管系统进行信息同步。

（三）批量监管模式：甲方在交易资金监管系统为乙方设立会员分户账，会员日间交易无须实时通知甲方，乙方于日终对账时将批量交易明细同步给交易资金监管系统。

第十五条　在合法、合规的原则下，双方共享交易资金监管服务客户资源，合作开发市场的潜在交易会员；对在合作期间通过对方获得的客户资料承担保密义务，不得向第三方透露，法律法规另有规定的除外。

第四章　双方权利与义务

第十六条　甲方的权利与义务

（一）甲方负责甲方端接口程序的开发维护工作，保持与乙方系统的正常连接，并承担甲方端所需的各项投入费用。

（二）甲方负责受理乙方签约、变更、解约交易资金监管服务功能的申请，并办理相关账户入金、出金、信息查询业务。

（三）甲方负责受理会员通过甲方渠道发起的入金、查询等业务请求，并为交易会员办理相关业务。

（四）甲方负责受理会员通过乙方渠道发起的出金请求，并为会员办理相关业务。

（五）如甲方发现乙方有违反本协议相关条款，甲方有权单方面终止本协议。

第十七条　乙方的权利与义务

（一）乙方负责按照双方确认的交易资金监管服务接口文档的要求，完成乙方端接口程序的开发维护工作，保持与甲方系统的正常连接，并承担乙方端所需的各项投入费用。

（二）乙方保证会员账户重要信息（包括交易会员名称、证件类型、证件号码等）的真实性、准确性及完整性。

（三）乙方负责受理会员通过乙方渠道发起的业务请求。

（四）乙方发往甲方的交易指令分为两类：即乙方指令和会员指令，其中会员指令须经乙方有效身份验证，确保是会员本人所为。乙方应保证发往甲方的两类交易指令的真实有效、合法合规。乙方在未取得会员授权的情况下不得办理会员交易资金划转业务。否则，乙方对由此导致的后果承担法律责任。

（五）乙方有义务协助会员充分知悉本协议涉及双方的责任条款。

第十八条　甲乙双方应各自根据业务流程制定相应的管理制度，并做好相关培训工作，以保证业务操作的规范。

第十九条　甲乙双方针对本服务所制订的宣传计划和宣传资料，应事先经对方同意。

第二十条　甲乙双方应对对方有关的商业秘密、技术秘密、新产品

（或系统）设计方案、重大经营决策以及交易商交易资金等保密信息妥善保管，在协议期间及协议终止后均不得向第三方披露或公开。亦不得将该保密信息用于本协议之外的任何其他用途；不得泄密，未经对方同意不得在合作范围以外使用，不得向第三方提供，法律法规另有规定或双方另有约定的除外。

第五章 账户的管理及交易

第二十一条 甲方根据银行相关规定为乙方分别开立交易保证金汇总监管账户和自有资金账户。

交易保证金汇总监管账户用于存放会员交易资金，该账户资金仅可通过入金、出金等交易资金监管服务规定的专项功能进行划拨。甲方柜台端不允许该账户的转出及取现交易，销户时利息划转除外。

自有资金账户为乙方在甲方开立的对公活期结算账户，用于资金划拨及商户手续费等款项的扣收。

第二十二条 乙方选择的交易资金监管服务模式如为本协议第十四条中（二）或（三），则会员需指定结算账户。会员指定结算账户如为在甲方开立的结算账户，会员需开通甲方网上银行，并登录网上银行进行账户激活后方可使用。

第二十三条 甲方按中国人民银行规定的同期同档次存款利率向乙方计付交易保证金汇总监管账户存款利息和自有资金账户存款利息。乙方会员同意交易保证金汇总监管账户生成的利息归乙方所有，利息由交易保证金汇总监管账户划转至乙方自有资金账户。

第二十四条 乙方交易保证金汇总监管账户中的交易资金归会员所有，除依规定用于会员的结算交易手续费等资金的收付外，乙方不得擅自挪用。若乙方挪用交易保证金汇总监管账户中的资金，或者违反有关规定划拨会员交易资金的，乙方对由此导致的后果承担全部法律责任。

第二十五条 乙方根据甲方提供的入金、出金信息对会员交易账户进行实时对账调整，所有资金结算数据以甲方数据为准。

第二十六条 双方约定为会员提供服务的时间由乙方规定的交易时间和乙方系统在甲方系统成功签到时间共同约束。交易时间，即乙方系统在甲方系统成功签到之后，签退之前。

第二十七条　乙方签退后，甲方不受理乙方及会员通过乙方系统办理出、入金交易。

第六章　账务对账及差错处理

第二十八条　交易资金监管业务的对账原则：乙方会员交易保证金明细以甲方数据为准；会员交易信息以乙方交易数据为准。

第二十九条　每日日终，乙方与甲方生成规定格式的对账文件，按约定的数据交换方式进行对账。

第三十条　每个营业终了时，甲方接收乙方交易资金清算文件，按以下程序办理对账：

（一）甲方资金监管系统将出入金明细进行上传，乙方自行下载后进行核对。

（二）乙方将核对完毕的出入金明细、总账、分户账及交易明细进行上传。

（三）甲方资金监管系统抽取乙方上传的上述文件，进行核对并生成对账结果文件供乙方查询。

第三十一条　甲方于日终与乙方进行自动对账，对账结果以甲方系统账务为准。

第七章　系统连接

第三十二条　乙方应遵守甲方制定的系统接口规范，开发接口程序，并配置所需的硬件设备，承担开发费用；甲、乙双方系统连接的通信线路由甲方、乙方各承担一半。

第三十三条　甲乙双方系统联网后，双方之间的数据通信经过数据加密后传输，双方通过系统交换的带有数字签名的电子指令具有不可否认性和不可篡改性。

第三十四条　甲乙双方在对系统进行优化、常规测试或升级时，应至少提前15个工作日与对方协商，妥善处理。双方有义务配合对方的系统优化、常规测试或升级工作。

第三十五条　甲乙双方应紧密配合，保障数据传输顺畅、安全，防止数据传输差错、遗漏、滞后。系统运行中出现问题，双方应明确各自责任，并指定人员尽快解决问题。

第三十六条　甲乙双方应建立数据备份、障碍排除、灾难还原、风险应急系统，保证业务的正常运行。

第八章　违约责任及免责条款

第三十七条　日终交易保证金汇总监管账户调账信息由乙方提供，甲方不保证该信息之准确、完整，乙方应对该信息的正确性承担全部责任。

第三十八条　双方在履行本协议的过程中，如有违反本协议条款的行为，守约方有权要求违约方承担违约责任，并承担赔偿损失。

甲方仅对因甲方过错造成乙方的直接经济损失承担赔偿责任。

第三十九条　任何一方违反本协议约定的保密义务，应赔偿对方相关损失。

第四十条　因战争、自然灾害等不可抗力以及非因当事人过错造成的网络故障、系统运行故障等情形，致使一方或双方无法履行本协议所约定义务的，不承担违约责任。

第四十一条　因履行本协议所引起的与本协议有关的纠纷，双方应友好协商解决；协商不成时，应向甲方住所地法院提起诉讼。

第九章　附　则

第四十二条　本协议经甲方负责人或授权代理人签字并加盖公章及乙方法定代表人（负责人）或授权代理人签字并加盖公章后生效，有效期＿＿＿年，到期后自动顺延＿＿＿年，顺延次数不限。若一方希望不再续约的，该方应在本协议到期日前至少提前30日通知合同对方，本协议到期终止。

第四十三条　一方若提前终止本协议，须提前3个月书面通知对方并获得对方书面同意。协议终止后，双方应相互配合，做好交易商善后处理工作。

第四十四条　本协议未尽事宜，双方可签订补充协议，补充协议属本协议的组成部分，具有同等法律效力。

第四十五条　本协议一式四份，甲乙双方各执两份，具有同等法律效力。

　　甲方：　　　　　　　　乙方：

　　盖章：　　　　　　　　盖章：

　　签名：　　　　　　　　签名：

　　日期：　　　　　　　　日期：

第十六招　投标保证金贷款存款

【目标对象】

存款目标对象是投标申请企业、招标企业。

在很多地方政府的项目招标过程中，不再接受投标保函，而是要求投标企业交存投标保证金，这就给银行发放投标保证金贷款提供了工具。

【收取保证金流程】

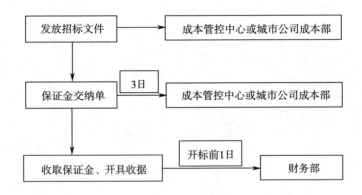

收取保证金流程

【退还保证金流程】

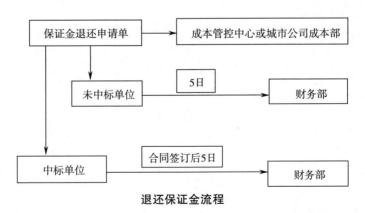

退还保证金流程

【使用产品】

1. 投标贷款。对投标企业发放流动资金贷款，用于定向交存投标保证金。

2. 保证金账户监管。对招标企业提供收取的投标保证金的存管，定期释放给投标企业。

【存款量分析】

存款量起步在 5000 万元以上，政府招标中心每年的招标项目金额都会超过百亿元，在银行存款超过亿元非常容易。

【开发难度】

开发难度适中，投标保证金贷款的借款人都是中小投标企业，一般提供信用贷款，这类中小投标企业需求量较大。

【分析】

很多工程类企业因为资金链断裂，出现无法按期完成合约的问题。为确保投标方实力，招标方往往在投标保证金之外，要求投标方再提交一笔实力信誉保证金，这给工程承办企业造成了很大的资金压力。

【案例】

银行创新金融产品——投标保证金贷款

银行创新金融产品——投标保证金贷款，正是基于这一现实情况研发的。

随着行业规范日益完善，粗具规模的装饰装修工程都需要竞标。山东××有限公司几乎每天都参加项目招标，有时一天会有好几个。尽管投招标周期较短，但如果频繁遇到需要交纳实力信誉保证金的项目，短期流动资金也可能出现很大的缺口。

项目招标和交纳保证金之间往往只有一两天，整个招投标过程也不过 1 个月，机会稍纵即逝。

银行了解到这种情况后，立即展开市场调查。该公司了解到投标保证金贷款安全性有保障，又有很大的市场潜力，就主动联系为其公司量身打造投标保证金贷款项目。

双方很快合作达成第一笔贷款。后者通过 70 万元的小额贷款，成功竞标济宁市高新区一个 3526 万元的项目。现在，双方建立了稳固的合作关系，项目也很快推广到其他客户。

相对于企业的其他资金流动，投标保证金运转是个闭环系统，企业将招标项目 2% 的投标保证金交纳给招标代理机构，招标结束之前无法挪作他用，而且无论中标与否，都会返还到企业手中（转履约保证金除外），整个过程一般在 45 天以内，很符合小贷公司贷款额度小、期限短、回款快的特点。

公司全程跟踪投标保证金的走向，但不涉及投标报价等客户机密信息，这既可确保资金不会挪作他用，又避免干涉客户的工作。客户将招标书提交给银行，公司会根据项目的可行性和保证金的安全性，确定是否受理。接受之后，公司与客户建立一个共管账户，专项用于投标保证金，并跟进递交保证金、开标、退还保证金全过程。

为有效防控风险，招标代理公司开具的投标保证金收据质押在银行手中，开标结束后，银行与客户共同前往代理公司取款。

【文本示范】

附件一

投标保证金交纳单

序号	投标入围单位名称	保证金金额	交纳截止日期

投标保证金退还申请表

招标单位					招标项目名称			
投标单位	单位名称	注册地址	开户银行	银行账号	申请退款金额	中标结果	联系电话
退还理由	本次招标工程项目为×××，经过开标约谈，现已完成定标工作，中标单位为×××同时特别感谢未中标单位对我们工作的支持和积极配合，我部门同意退还×××单位的投标保证金							
经办部门				经办部门意见				
日期	____年____月____日							

第十七招　单用途预付卡存款

【目标对象】

存款目标对象是超市、美容院、健身中心、电影院、商场。

这类机构往往与消费者挂钩。消费者可一次性办卡，逐次消费。该类机构通过提前办卡，给予办卡人一定的优惠额度，可大量吸引客户。这类卡在商家那里往往滞留的资金量非常巨大。

【使用产品】

1. 监管账户。银行可以帮助这类发卡人办理预付费卡的资金存管业务，存管资金。

2. 理财业务。办理这类卡的客户都属于高端零售客户，银行可以积极营销理财业务。

【存款量分析】

存款量起步在 500 万元以上。

一家中等规模的美容院，客户至少为 1000 人，办卡的金额一般都在 1 万元左右，这项资金就是 1000 万元，非常可观。

【开发难度】

开发难度较小，这类企业包括超市、美容院、健身中心、电影院、商场。

这类企业属于银行忽视的客户群体，开发难度不大。很多这类企业客户不知道自己可以发行预付费卡。

【业务优势】

单用途商业预付卡是预付卡的一种，由商业企业发行，只在本企业或同一品牌连锁商业企业购买商品或服务用的一种预付卡。该类企业通常从事零售业、住宿业、餐饮业和居民服务业。银行可为各单用途预付卡企业提供资金监管服务。

能够满足监管部门的监管要求，确保交易资金安全。根据商务部发布的《单用途商业预付卡管理办法》，售卡企业需指定一家银行为其提供资金监管服务后，方可在商务部进行备案。银行提供的资金监管信息系统能够满足监管要求，为客户的资金保驾护航。

【案例】

银行成功办理首笔单用途商业预付卡资金存管业务

某银行成功受理了金额达 2221.15 万元的单用途商业预付卡资金存管业务。这是银行获得北京市预付卡预收资金存管业务主办行资格以来办理的首笔业务。

单用途商业预付卡预收资金存管业务是指商业银行接受发卡企业委托，根据与发卡企业签署的相关协议规定，履行开立存管业务相关账户、监督资金存管额度和报送资金存管信息等职责的账户资金存管业务。该业务对商业银行寻求成本可控、资金来源稳定可靠并可持续增长的对公存款业务提供了新机遇。

商业预付卡资金存管业务的开展，有利于促进银行负债业务多元化发展，对进一步提升综合金融服务水平、满足客户日益多元化的业务需求具有积极作用。

【文本示范一】

单用途商业预付卡购卡协议（样本）

甲方（购卡人也称持卡人）：　　　乙方（发/售卡人）：

甲方购买由乙方发行的单用途商业预付卡（以下简称单用途卡），并由乙方为持卡人提供刷卡消费以获取商品或者服务。经甲乙双方友好协商，依据《中华人民共和国合同法》及其他相关法律法规的规定，就有关服务事宜所形成的权利义务约定如下：

第一条　单用途卡的名称、种类、功能

1. 单用途卡的名称：

2. 单用途卡的种类：

3. 单用途卡的功能：预付凭证。

第二条　乙方提供的服务

1. 消费服务：乙方应设立符合金融标准的机具终端，为甲方提供刷卡消费以获取商品或者服务；但因具体的付款环境及机具功能有所差异，具体功能以乙方可以提供的服务为准。

2. 客户服务：乙方在确保甲方持卡正常消费的基础上，还提供以下服务。

（1）客服电话：乙方提供客服电话以确保甲方在消费时遇到的问题能够及时解决。

（2）网站服务：乙方提供网站为单用途卡业务唯一服务性网站，为甲方提供最新商户信息查询、余额查询、交易明细查询、修改密码等服务。

3. 换卡服务：持卡人的单用途卡因持卡人保管不善毁损无法使用，应当凭有效证件及旧卡到发卡企业指定场所办理更换新卡，并交付换卡工本费____元/张，旧卡由发卡企业收回。

4. 记名卡的充值、挂失、转让服务：记名卡可充值、可挂失、可转让。

5. 退卡服务：当乙方终止兑付未到期单用途卡时，乙方应向甲方提供免费退卡服务，并在终止兑付日前至少30日内在备案机关指定的媒体上公示。

6. 安全保障：乙方确保单用途卡业务系统以及商户受理终端的正常使用，并确保系统的数据不外泄、不丢失。

7. 甲方购买不记名卡的，应在有效期内及时使用，过期后的卡片可到乙方办理续期手续，否则将被停止使用。

第三条　甲乙双方的权利和义务

1. 乙方应确保甲方按照正常手续购买的单用途卡可以正常使用。

2. 乙方应以网上公告或以其他方式告知甲方单用途卡的使用规则。

3. 甲方购买记名卡或一次性购买1万元（含）以上不记名卡时，乙方有权要求甲方按照规定提供个人、单位有效身份证件。

4. 对于违反本协议或章程使用单用途卡的，乙方有权暂停该卡的使用。

5. 乙方依法对甲方的信息承担保密义务，未经当事人同意不得向任何单位或个人披露，但法律、法规和规章另有规定的除外。

6. 甲方有权使用单用途卡到乙方进行刷卡消费，并有权享受与其他客户同等的各种优惠待遇，但商户针对特定客户的优惠除外。

7. 甲方有权依据乙方提供的服务实现消费、查询、充值、消磁换卡等卡片的使用和管理功能。

8. 甲方应依据单用途卡的使用规则合法合地使用该卡片，甲方对单用途卡、密码等保管不善，导致他人冒用造成的经济损失，应当自行承担；甲方亦应合法合理地使用乙方提供的客服热线、网站等服务。

第四条　违约责任

1. 因乙方过错给甲方造成损失的，由乙方承担相应的经济责任。乙方工作人员如违反国家有关规定，由有关机关依法进行处理。

2. 若因下列原因致使甲方不能使用单用途卡的，乙方不承担任何责任：

（1）单用途卡内余额不足以支付甲方交易金额；

（2）乙方因公安司法部门要求冻结的卡片；

（3）因战争、地震、火灾等不可抗力导致的交易中断、延误等风险。

3. 甲乙双方因不可抗力无法履行协议的，根据不可抗力的影响，部分或者全部免除责任，但法律另有规定的除外。当事一方延迟履行协议后发生不可抗力的，不能免除责任。

4. 本协议所称不可抗力，是指不能预见、不能避免并不能克服的客观情况。

第五条　本协议的生效

1. 本协议自甲方购买单用途卡时，在本协议签字之日起生效。

2. 本协议生效后，甲乙双方均应遵守本协议内容，履行各自的权利义务。

第六条　附则

1. 甲乙双方确认已知悉并充分理解本协议中的条款。

2. 甲乙双方同意按照本协议的约定及相关法律法规的规定履行；没有约定和规定，或约定和规定不明确的，各方应按照公平、诚信等原则履行。

3. 因履行本协议所产生的纠纷，双方可协商解决，协商不成的，任何一方均可向乙方所在地的人民法院提起诉讼。

甲方：　　　　　　　　乙方：
地址：　　　　　　　　地址：
联系方式：　　　　　　联系方式：
签约日期：　　　　　　签约日期：

【文本示范二】

编号：

单用途商业预付卡预收资金存管协议（样本）

甲方（发卡企业）：
地址：
邮编：
电话：
传真：
联系人：
乙方（存管行）：
地址：
邮编：
电话：
传真：
联系人：
鉴于：

根据国家商务部的相关规定，甲方对于其发行的单用途商业预付卡预收资金委托乙方进行相应的存管监督，乙方同意接受前述委托。

经协商，双方达成以下协议：

第一条　定义

1. 定义：本协议中除非上下文另有解释或者文意另有所指，下列术语具有如下明确定义。

备案机关：根据相关规定，对甲方进行备案管理的商务主管部门。

存管账户：甲方按照本协议第2条第3款第（1）项规定开立的账户。

收款账户：本协议第二条第3款第（2）项规定开立的账户。

存管资金：由甲方存入存管账户并由乙方按照本协议规定进行存管的资金。

划款通知书：指如附件 2 格式的划款通知书。

不可抗力：第六条第 1 款所规定的各类事件。

营业日：乙方对公业务的营业日（不包括法定公休日和节假日）。

2. 在本协议上下文中，凡提及甲乙双方，应被解释为包括其各自权益及义务的继承人和受让人。

3. 法律法规：在本协议中凡提及任何一项法律、法规，除非上下文另有规定，应被解释为包括法律、法规、规章、地方性法规、司法解释及其他任何可适用之规定的当前或者随后任何有效的修订版本。

第二条　文件提交、账户开立、存管资金存入

1. 在本协议签署之日起 5 个营业日内，甲方应当向乙方提交下列文件、资料：

（1）甲方申请开立存管账户应提交存管账户开立文件，并确认甲方在乙方的一个指定印章（或乙方的被授权人名章）为本协议项下存管账户专用印章之一；

（2）根据本协议约定签发划款通知书的有效印鉴及其授权文件（如附件 3 格式）；

（3）其他乙方要求甲方提交的文件或者资料。

2. 对于乙方根据本协议第二条第 1 款的规定接收的文件、资料原件，乙方应妥善保管。

3. 在本协议签订之后 10 个营业日内：

（1）甲方应当在乙方以甲方名义开立人民币存管账户，用于接收甲方存入的存管资金，该账户资金按照活期/定期/协定利率计息。乙方在存管账户开立的次日，向甲方发出附件 1 格式的存管账户开户确认书。

（2）甲方应当在乙方开立如下收款账户，用于接收由存管账户划入的资金。其中收款账户的户名应与甲方开立的存管账户名称一致。

户名：

账号：

开户行：

4. 存管账户开立之后 5 个营业日内，甲方应按照规定及时将存管资金足额存入存管账户。

资金到账后，乙方开始对存管资金履行存管职责。

5. 本协议签署之日为存管起始日，存管终止日根据本协议第七条第1款的规定确定，存管期间为存管起始日到存管终止日的期间。

第三条 存管资金的管理

1. 在协议有效期内，乙方负责保管存管资金，确保资金安全且独立于甲方的自有资金，甲乙双方按照商务部及备案机关有关规定调整本协议项下存管资金余额。

2. 甲方确认，在存管资金根据本协议第二条第4款的规定存入存管账户之日起，为确保存管期间乙方顺利履行本协议项下的存管义务，乙方有权对该存管账户进行存管账户控制管理。

3. 乙方应在每季度结束后第27个工作日内，在商务部"单用途商业预付卡业务信息系统"中，填列甲方存管账户的实际余额，并根据备案机关确定的发卡企业类型（规模发卡企业、集团发卡企业、品牌发卡企业）监督甲方预收资金余额的缴存比例。

4. 甲方存管资金余额低于商务部确定的存管比例，乙方书面通知甲方及时交存不足部分金额，甲方须在接到乙方书面通知后5个工作日内补足不足比例的存管资金。如果甲方未在规定时间内补足相关存管资金的，乙方应书面通知备案机关并在"单用途商业预付卡业务信息系统"中登记相关信息。

5. 存管资金金额每季调整一次，按照多退少补的原则，每个季度结束后第21个工作日，根据上季度末预收资金和存管资金时点数的比例进行调整，如果甲方存管资金余额高于规定存管比例的，甲方可向乙方发出划款通知书，将超出规定比例的存管资金划入本协议第二条第3款规定的收款账户。

6. 甲方存入乙方的存管资金，只能用于银行存款，包括活期存款、定期存款和协定存款。

7. 除对存管资金进行定期、协定存款操作及本协议另有规定外，乙方所进行的划款，仅指按照本协议第四条有关规定将存管资金从存管账户划入收款账户。

8. 同时满足下列条件，乙方应根据划款通知书进行划款：

（1）划款通知书（如附件2格式）加盖甲方的指令发送用章并由授权签发人签字，且加盖的印章、授权签发人签字应与授权通知书中的预留印鉴相符；

（2）划款通知书指定的划入账户为本协议第二条第3款所指收款账户；

（3）划款通知书载明的划款日晚于划款通知书的送达日；

（4）划款通知书所指定的划款金额及汇划费用不大于存管账户资金余额；

（5）划款通知书指定的划款金额必须满足以下条件：（存管账户资金余额－划款通知指定划款金额）／上季度预收资金余额×100%≥商务部确定的存管资金比例。

9. 存管期间，除对存管资金进行定期、协定存款操作外，存管资金不得划入收款账户以外的其他账户。

10. 乙方有权应甲方备案机关或备案机关上级商务主管部门要求，提供甲方的存管账户信息及存缴情况。

11. 自收到甲方的备案机关或备案机关所在地政府的书面通知后，乙方有权拒绝甲方对存管账户资金的划款指令。

12. 存管资金不得设置质押或其他权利负担。

第四条　独立性

1. 乙方按照本协议履行存管义务独立于甲方因其各类交易活动或管理活动而产生的各项权利和义务。乙方仅根据本协议的规定进行划款，且仅审核相关文件的印鉴或格式与本协议要求或者预留的印鉴或格式表面相符即可，只要乙方系按照本协议的规定进行划款，即不对甲方因此所产生的任何损失承担任何形式的责任。

2. 一旦发生第四条第3款所述事项导致司法或行政干预，乙方有权将其视为不可抗力，并按照本协议第六条第2款的有关规定终止存管。

3. 甲方负责与其相关债权人（如有）进行沟通，以确保存管账户内的资金不会遭受任何债权人的追索，也不会遭受有关法院或政府机构的查封、冻结等强制执行措施。如导致存管账户内的资金被具有强制力的国家机关冻结、扣押及执行，由甲方自行承担任何法律后果。

第五条　费用

1. 费用收取。

经协商，甲方向乙方支付＿＿＿元（存管资金总额×＿＿＿%）业务费用。

2. 支付方式。

甲方通过下述第＿＿＿项方式向乙方支付本协议约定的费用：

（1）乙方有权按本协议约定的付费时间主动从以下账户中扣收款项：

户　　名：＿＿＿＿＿＿＿＿。

账　　号：＿＿＿＿＿＿＿＿。

（2）双方约定的其他付费方式：＿＿＿＿＿＿＿＿＿。

3. 付费时间。

甲方按下述第＿＿＿项约定时间向乙方支付本协议约定的费用：

（1）自本协议生效之日起＿＿＿日内一次性向乙方支付全部监管费用；

（2）双方约定的其他付费时间：＿＿＿＿＿＿＿＿＿。

4. 汇划费由甲方按照乙方管理要求另行支付。

第六条　不可抗力事件

1. 在存管期间，下列事件构成不可抗力：因法律法规的变化，国家重大政策调整，任何通信或电脑系统故障、停止运作或瘫痪，战争，以及火灾、暴雨、地震、飓风等自然灾害等原因导致乙方无法履行本协议项下的义务。

2. 在资金存管期间，如果发生上述不可抗力事件，乙方有权终止存管协议，并通知甲方和其备案机关；对甲方因此所发生的损失，乙方不承担任何形式的责任。

第七条　存管终止

1. 存管终止日为下述日期之先到之日：

（1）发生第六条第1款所规定的不可抗力事件，乙方书面通知甲方终止存管发生之日；

（2）甲方书面通知乙方终止存管发生之日；

（3）未发生不可抗力，但乙方事先通知甲方的备案机关的情况下，通知甲方终止存管，并由乙方将存管账户资金余额划入接替存管人存管账户之日或自通知之日起30个营业日期间届满。

（4）本协议终止之日。

2. 发生第七条第 1 款第（3）项规定的情形，自通知发出之日起 30 个营业日内，甲方应确定接替存管人，乙方将按照甲方的指示，将存管账户资金余额划入开立于接替存管人的指定账户。乙方应同时通知备案机关。

3. 存管终止日，除非甲方的书面通知中另有指令，对于存管账户中的资金余额，乙方在扣除其应收的存管费和汇划费之后，乙方的存管责任即告解除。

4. 存管终止后，甲方应及时将存管账户销户。

第八条　通知

1. 本协议项下的各项通知或者指令均应采用书面方式（本协议另有约定的除外）。

2. 以书面形式提交的通知或者指令，应寄至前述地址，如果相关信息发生变动，变动的一方应当立即通知其他各方。

第九条　法律适用、司法管辖及其他

1. 有关本协议的签署、履行及任何争议，均适用中华人民共和国法律（为本协议的目的，在此不包括中国香港、澳门特别行政区和台湾地区法律），并按其解释。本协议项下的任何争议，各方应当友好协商解决，若协商不成，乙方住所地的人民法院具有司法管辖权。在争议解决期间，若该争议不影响本协议其他条款的履行，则该其他条款应继续履行。

2. 本协议经协议双方法定代表人（负责人）或者授权代理人签字或盖章，并经乙方加盖公章或合同专用章、甲方加盖公章后于签署日起生效。本协议有效期为＿＿＿年，协议到期前＿＿＿个月内，如双方协商一致，可以书面形式延长协议有效期。

3. 根据本协议的附件格式所签署的文件作为本协议不可分割的组成部分，并在其签署时生效。

4. 本协议正本一式＿＿＿份，其中甲方执＿＿＿份、乙方执＿＿＿份，备案机关执＿＿＿份，每份具有同等法律效力。

第十条　其他约定条款

（本页为签署页，无正文）

本协议由下述各方于＿＿＿年＿＿＿月＿＿＿日签署。双方确认，在签署本协议时，双方已就全部条款进行了详细的说明和讨论，各方对本协议的全部条款均无异议，并对当事人有关权利义务与责任限制或免除条款的法律含义有准确无误的理解。

甲方（公章）：

法定代表人或授权代理人（签字或盖章）：

乙方（公章或合同专用章）：

法定代表人/负责人或授权代理人（签字或盖章）：

附件1

开户确认书

致：_____（填入甲方公司名称）

兹就贵公司及我行于____年____月____日签署的编号为（____）的单用途商业预付卡预收资金存管协议（以下简称存管协议）出具本函。

存管协议中所定义的词语在本函中应具有相同的含义。

根据存管协议第二条第3款的规定，我行特此通知贵公司，相关存管账户已在我行开立，账户信息如下：

存管账户：

户名：

账号：

开户行：

存管银行：

（章）

负责人或授权签发人（签字或盖章）：

____年____月____日

附件2

划款通知书

致：_____（存管银行）

兹就贵行、我公司于____年____月____日（填入签署日期）签署的编号为（____）的单用途商业预付卡预收资金存管协议（以下简称存管协议）出具本函。

　　存管协议中所定义的词语在本函中应具有相同的含义。根据存管协议第三条的有关规定，我公司特此向贵行发送本通知书，请贵行按照存管协议第三条的规定在____年____月____日（填入划款日）将存管资金____（填入金额币种）划入存管协议第二条第 3 款第（2）项规定的收款账户。同时我公司再次确认：贵行有权从所划资金中首先扣除贵行应收的存管费及汇划费用后，将余额划入存管协议第二条第 3 款第（2）项规定的收款账户。

甲方（指令发送章）：

授权签发人（签字）：

____年____月____日

附件3

授权通知书

致：_____（存管银行）

　　根据贵行、我公司于____年____月____日（填入签署日期）签署的编号为（____）的单用途商业预付卡预收资金存管协议（以下简称存管协议），我公司授权以下人员代表我公司向你行发送存管协议项下划款通知书以及其他相关通知。现将指令发送用章样本及有关人员签字样本及相应权限留给你行，请在使用时核验。

　　指令发送用章样本：

　　上述被授权人在授权范围内向你行发送指令的真实性、准确性及合法性由我公司负全部责任。

甲方（公章）

法定代表人（或授权人）：

____年____月____日

第十八招　大宗商品交易资金监管存款

【目标对象】

存款的目标对象是大宗商品交易市场，包括各地方粮食交易市场、煤炭交易市场、橡胶交易市场、棉花交易市场等。

【使用产品】

1. 交易资金监管。大宗交易市场属于平台性质，撮合买卖双方成交，涉及资金量非常大，银行需要监管大宗交易市场的交易资金。

2. 贷款。买方在完成交易的过程中，往往自身资金实力不够，需要银行提供一定比例的贷款，促成交易完成。

【存款量分析】

存款量起步在 5000 万元，大宗交易市场往往年度交易超过 10 亿元，银行监管资金非常巨大。

【开发难度】

开发难度适中，需要银行系统配合，银行开发系统与大宗交易市场进行直接链接。

【案例】

交易资金监管系统为大宗商品交易提供金融服务

某银行先进的交易资金监管系统（FCS）灵活支持互联网接入和专线接入，可以全面支持现货实时交易和现货连续交易，为市场与会员之间、会员与会员之间所有资金转移提供金融服务。

在与大宗商品交易市场电子交易系统交互交易信息、会员信息、电子仓单/订单的基础上，实现对会员在线融资服务，包括电子凭证解决方案等。银行已经与国内重要的电子商务平台软件提供商，如北京金网安泰信息技术有限公司、郑州大学计算机应用研究所、北京时力科技有限公司、杭州恒生电子股份有限公司、上海富远科技有限公司建立了战略合作关系；为全国棉花交易市场、广西糖网、青岛国际商品交易所、无锡不锈钢交易市场、天府大宗商品交易市场、宁波塑料城等市场提供了交易资金监管、电子凭证及在线融资服务，产品涵盖钢铁、有色金属、石油化工、煤炭、农产品等多个行业。

一、业务优势

交易与融资相结合的解决方案

银行有效整合资金监管业务和线上融资产品，通过套餐式服务，为客户打造综合性的特色产品。在满足政府监管的条件下，同时积极响应大宗商品交易市场的最新需求，做到在保持行业领先的基础上不断地完善创新。

1. 业务准入：门槛低，速度快。

2. 授信额度：大宗商品交易市场推荐与银行审批相结合，充分考虑会员的实际需求。

3. 操作便捷：融资业务线上分四个步骤完成（申请、签约、还款、提货）。

4. 高效灵活：业务流程优化，内部高效协同，当日放款。

5. 合作共赢：

（1）协助市场吸引会员、繁荣交易。

（2）切实降低融资成本、支持业务发展。

（3）基于交易增信的在线融资模式创新，信息实时共享，实现三方共赢。

二、满足个性化的服务需求

银行承诺在业务办理过程中，对大宗商品交易市场提出的业务需求在符合相关法律法规的前提下保证予以最大限度的满足，并根据银行具有的服务优势、信息优势及资金优势，提供个性化的服务。

1. 能够满足监管部门最严格的监管要求，确保交易资金安全。

2. 支持其他银行账户签约绑定，不改变市场/会员当前的合作模式，便于维护关系。

3. 所有会员出入金支持行内转账、跨行转账、银联支付、三方支付公司，减少费用，提升效率。

4. 多样化的监管体系，参数化的配置方案。

5. 业界独有的电子凭证解决方案。

第十九招 学校学费代收存款

【目标对象】

学校应当是银行高度关注的客户群体，学校的教职工是非常好的信用卡客户、银行理财客户群体。学校每年的学费收入金额巨大，一些重点大学，还会有国家较大金额的科研费用收入。

【使用产品】

1. 代收学费。银行为学校代为收取学费，可以大幅降低学校自身的财务工作量。

2. 学校教职工银行卡：学校教职工往往属于优质的客户群体，可以给银行带来可观的理财业务机会。

【存款量分析】

存款量起步在500万元以上。

【开发难度】

开发难度适中。学校非常需要银行帮助其收取学费，对学校而言，每年收取学费的工作量非常大，迫切需要银行的配合。

【案例】

关于通过中国××银行代收学费的通知

为了方便全校学生缴纳学费，现将我校通过××银行重庆市分行学费代缴流程等事宜告知如下，请各位新生及家长按以下流程于开学报到前完清相关费用。

一、缴费方式和流程

（一）××银行重庆市内自助存取款机（适用于持有××银行卡的用户）

程序：插入××银行储蓄卡—输入密码—选择充值缴费—选择实时缴费—选择代收学费—选择"××财政学校"—输入学号（新生输入缴费号）—核对信息和金额—缴费。

（二）个人网银及手机银行（适用于持有××银行本地卡并开通网银或手机银行的用户）

程序：登录××银行个人网银—选择缴费支付—选择重庆市—选择报名教育类—选择代收学费—选择"××财政学校"—输入学号（新生输入缴费号）—核对信息和金额—缴费。

（三）××银行重庆市内任一网点柜台（适用于持有××银行本地卡、异地卡或无卡用户）

程序：提供缴费学号（新生输入缴费号）—核对信息和金额—柜台缴费。

二、其他注意事项

（一）××银行本地卡指在重庆市范围内××银行开户的银行卡，××银行异地卡指在重庆市以外××银行开户的银行卡。

（二）他行卡不能在××ATM上完成缴费。

（三）异地××银行卡可以在重庆本地××银行ATM或柜台上进行缴费，但不能在网银、异地××ATM或柜台上完成缴费。

（四）2014年秋季学期缴费起止日期：2017年8月6日至8月24日。

（五）缴费发票在开学报到后统一发给学生。

附：中国××银行重庆市分行市内营业网点

××财政学校

2018年7月30日

【文本示范】

银行代收学费协议书

甲方：＿＿＿＿＿＿＿高中

乙方：＿＿＿＿＿＿＿银行

为保证××高中学费、学杂费、住宿费的集中、及时、安全收缴，经甲乙双方本着平等、自愿、互惠、互利和充分发挥各自优势、方便客户的原则，在协商一致的基础上，甲方委托乙方进行学费代收工作并达成如下协议：

一、基本原则

第一条 甲方委托乙方利用自身网点的优良服务条件和网络优势，为甲方山城区、淇滨区校区在校学生进行学费、学杂费、住宿费的代收服务。

第二条 甲乙双方遵循国家有关法律、法规，建立业务合作关系，并分别负责督促各下属部门按照协议履行。

二、合作内容

第三条 乙方按照约定的方式将收缴资金按时汇缴至指定账户，保证安全、及时、准确、足额将资金划转至_____市非税收入管理局在乙方开立的银行账户。账户号：_____；账户名称：_____市级非税收入归集专户。

三、甲方的责任与义务

第四条 甲方应至指派相关人员协助乙方进行学费代收工作，各个年级、班级应积极配合甲方代收工作。

第五条 乙方在代收学费过程中，甲方负责校内的安全防范措施。

四、乙方的责任与义务

第六条 甲方委托乙方提供上门收款服务，乙方需要提供人员、车辆及相应的配套设备（验钞器、计算器等）。

第七条 乙方应按照甲方要求提供优质的服务，加强内部人员管理，有效做好学费代收工作。

第八条 乙方人员不得对外透露甲方各项费用的缴纳标准、学生人数、代收量等信息，并负责保守甲方的所有与此有关的商业秘密。

五、双方责任与义务

第九条 在协议生效后，甲乙双方应相互配合，明确代收范围、代收方式和对对方的承诺及责任等有关事宜。

第十条 对账原则：以甲方每次开具的收款证明为对账依据，资金入非税账户后，乙方根据甲方的对账信息进行对账，并将对账结果反馈给甲方，使双方数据一致（甲乙双方有专人负责对账）。

六、违约

第十一条 双方承认，任何一方对本协议的任何违反都将给对方造成损失。如果一方违约，遵守协议的另一方有权通过双方商定的争议解决方式获得补偿。

七、争议解决

第十二条　双方因本协议或本协议履行发生的任何争议，应尽可能先协商解决，如协商不成，则任何一方有权将争议提交有管辖权的人民法院进行诉讼。

八、附则

第十三条　本协议有效期一年，自双方法定代表人或授权代理人签字并加盖公章之日起生效。如有未尽事宜，经双方协商可签订补充协议。有效期满后，如双方均无提出异议，本协议继续有效。如果由于法律或法规原因导致本协议无法继续实施的，则本协议自动终止。在若一方欲终止协议，须提前2个月以书面形式通知对方。

第十四条　如遇双方上级主管单位、分行签订相同的合作协议，以上级签订的协议为准执行，本协议自行作废。

第十五条　本协议一式四份，双方各执两份，均具有同等效力。

甲方：_____　　　　乙方：_____银行（盖章）

授权签字人：　　　　　　授权签字人：

　　年　　月　　日　　　　　年　　月　　日

第二十招　交通罚款、电费、水费、通信费代收存款

【目标对象】

存款目标对象是交警队（财政非税收入专户）、电力公司、自来水公司、电信公司。

【使用产品】

代收业务。银行有着庞大的物理网点，可以非常便利地服务交通罚没收入的代收。

对账服务。银行为交警队罚没收入，电力公司、自来水公司、电信公司收费提供资金对账服务。

【存款量分析】

存款量起步在5000万元以上。

在很多地方，交通罚没收入属于非常可观的收入来源，可以给银行贡献可观的存款。

电力公司、自来水公司、电信公司都属于垄断企业，现金流非常充裕，通过代收，会给银行滞留大量存款。

【开发难度】

开发难度较大，需要分行行长出面接触。交通局属于政府部门，电力公司、自来水公司、电信公司属于垄断企业，单一银行客户经理往往根本无法开发维护，需要银行高层介入。

【案例】

道路交通罚款收入 6.29 亿元

某市交通罚没的收入为 6.29 亿元，市本级占道停车收费则是 9900 万元。

道路交通违章罚款全部缴入了国库。由于交通部门履职所需的经费，即包括人员工资等全由财政预算予以保证，为了保证罚款资金的安全，目前实行单位开票、银行代收的方式，即缴费人持交通处罚通知书直接到银

行缴费，确保了资金直接进入国库。

【文本示范】

银行代收费用协议书

交通局、电力公司、自来水公司、电信公司（以下简称甲方）为方便用户（以下简称乙方）缴纳各项费用，经甲、乙、丙各方协商一致，达成如下协议：

一、甲乙双方共同遵守规定，由甲方提供收费数据给丙方，乙方同意丙方从其银行账户中将相关款项自动划转至甲方指定账户。

二、除与乙方有特殊约定外，甲方的业务计费周期为：每月1日至当月最后1日。

三、乙方同意丙方代甲方根据乙方的消费状况、信用额度等情况，在计费周期内实时分次从乙方托收的银行账户内划款或在月度总结算时在乙方的银行账户内划款，为此不事先通知乙方。乙方同意甲方在开通服务前，依据甲方业务规定并经与乙方确认后，授权丙方从乙方的指定银行账户内划收相应费用，甲方在丙方划款成功后，才提供相应的电信业务服务。

四、乙方同意甲方依法向征信机构查询或提供其个人信用信息。

五、乙方在申请或使用电信业务期间，必须确保其指定银行账户正常在用且有足够的信用额度支付相关的费用；如因银行账户信用额度不足、失效、冻结或其他原因导致丙方无法代甲方划款成功，甲方有权限制乙方使用业务。如乙方超过约定的收费期限仍不缴纳费用的，甲方有权暂停向乙方提供所有服务。

六、甲方在已划转讫后向乙方提供收费单据，乙方需提供详细的投递地址，收费单据由甲方按乙方登记的地址进行投递。乙方对费用或托收情况有疑问，请咨询甲方的客户服务热线_____，乙方如未收到收费票据及详细清单。

七、本协议适用于乙方名下所有业务费用（包括甲方代收费用）的收取，除甲乙双方另行约定外。

八、由于丙方账号升级导致乙方原（旧）银行账户无法托收，乙方同意丙方将新的账户提供给甲方进行账户更新，并继续从乙方的新账户进行费用托收，本协议可自动适用。

九、甲方因国家政策变更、资费调整等原因需要更改协议条款或变更计费周期、划款时间时，采用报纸或电台、电视台刊登公告等公众媒体或信函形式通知乙方、丙方，不再与乙方、丙方改签协议，可直接按照甲方书面通知内容履行。

十、本协议一式三份，自甲乙双方签订后即日生效。甲、乙、丙各方各执一份，均具同等法律效力（单位用户须加盖单位财务章和开户银行复核章）。

　　甲方　　　　　　　乙方　　　　　　　丙方：

　　年　月　日　　　年　月　日　　　年　月　日

第二十一招　诉讼保全保证金存管存款

【目标对象】

存款目标对象是各地法院。

当事人申请财产保全，需要提供一定的担保或者支付一定的保证金，保证被保全当事人的利益不受损害。待案件结束后，退回保证金或者解除担保。

【使用产品】

资金监管账户。银行对法院收取的诉讼保全保证金进行监管。

【存款量分析】

存款量起步在 500 万元以上。

法院一般会收取保全保证金金额的 10%～30%。

【开发难度】

开发难度一般。当事人诉讼保全，必须提交保证金，防止出现错误查封，导致对方受到损失。

【业务优势】

《民事诉讼法》第九十三条规定，利害关系人因情况紧急，不立即申请财产保全将会使其合法权益受到难以弥补的损害的，可以在起诉前向人民法院申请采取财产保全措施。申请人应当提供担保，不提供担保的，驳回申请。

人民法院接受申请后，必须在四十八小时内作出裁定；裁定采取财产保全措施的，应当立即开始执行。

申请人在人民法院采取保全措施后十五日内不起诉的，人民法院应当解除财产保全。

提供担保的具体数额，司法实践中要求与申请人申请保全的财产的数额相当，比如，申请冻结被申请人银行存款 2000 万元，申请人就要向法院提交 2000 万元作为担保。此 2000 万元既可以是现金，也可以是与之等值的固定资产。

【案例】

最高人民法院判例

案情介绍：

一、根据2011年12月6日签订的借款合同申请执行人郑某向被执行人抚顺市B公司提供借款8000万元。同日，B公司将8000万元存入A银行沈阳分行文艺路支行营业部的10××25账户，A银行沈阳分行文艺路支行将8000万元转至汇票承兑合同指定的10××23保证金账户，A银行沈阳分行向B公司开立8000万元汇票。

二、后因B公司未按约还款，经郑某申请，人民法院于2012年5月28日裁定冻结B公司上述保证金8000万元。人民法院作出民事判决。2012年5月23日至25日，中国邮储银行和民生银行先后以委托收款形式对汇票进行收款。2012年6月6日，A银行文艺路支行对上述8000万元汇票进行了付款并转为承兑逾期垫款。

三、在郑某申请执行民事判决期间，A银行沈阳分行于2013年5月14日向人民法院提出异议，要求纠正该执行案件中的错误冻结行为，解除对4000万元的查封。人民法院认为，在人民法院已经采取冻结措施的情况下，A银行沈阳分行不考虑此款项交易存在的风险，无视人民法院的冻结措施，仍对外继续承兑，继续付款，故裁定驳回异议。

四、2013年10月9日，A银行沈阳分行以B公司、郑某为被告向人民法院起诉，请求确认其对10××23账户内的4000万元享有优先受偿权。人民法院认为，保证金账户内的资金没有质押的性质，A银行沈阳分行对于保证金账户内的款项不享有优先受偿权，判决驳回A银行沈阳分行的诉讼请求。

五、A银行沈阳分行不服高级人民法院判决，向××省高级人民法院上诉。河北省高级人民法院认为，案涉8000万元保证金不具有金钱质押性质，A银行沈阳分行不享有优先受偿权。故判决驳回上诉，维持原判。

六、A银行沈阳分行不服上述判决，向最高人民法院申请再审。最高人民法院撤销原判，改判认为，A银行沈阳分行对案涉4000万元享有质权，足以排除郑某与B公司借款案的强制执行。

【文本示范一】

财产保全保证金退还申请书（样本）

×××市×××区人民法院：

申请人×××有限公司诉×××有限公司×××纠纷一案，申请人在诉讼阶段申请财产保全，并向贵院缴纳了财产保全保证金×××元整（￥：×××）。

现该案已胜诉并进入执行程序，申请人特向贵院申请退回所缴纳的财产保全保证金至如下账户：单位名称：×××有限公司

税务登记号：×××

地址：×××

电话：×××

开户行：×××

账号：×××

恳请批准！

申请人：×××有限公司

____年____月____日

【文本示范二】

解除财产保全申请书

××县人民法院：

申请人_____曾向贵院提出财产保全申请，并提交_____元的担保金。法院以____年____保字第____号裁定准许财产保全申请。

现双方已自行达成和解协议，解决纠纷。故申请人特向法院提出如下申请：

一、解除财产保全措施；

二、请求退还_____元的担保金。

望依法从速裁定。

此致

××县人民法院

                                            申请人：
                                    ____年____月____日

【文本示范三】

撤销财产保全申请书

_____诉申请人买卖合同纠纷已由贵院受理（案号为_____×法民×初字第××××号），原告×××有限责任公司于____年____月____日向贵院提出财产保全申请，要求查封申请人位于东莞市长安镇××村第×工业区的厂房及设备共计____元。贵院已于____年____月____日作出裁定（×法民×初字第××××-1号），查封了申请人的厂房及设备。

申请人现特向贵院申请解除对申请人厂房及设备的查封，申请人愿以现金人民币____元作为担保，望贵院批准。

此致

                            ××××人民法院
                            申请人：××××有限责任公司
                            ____年____月____日

【文本示范四】

解除财产保全申请书（财产保全保证金退还申请书）

申请人：

被申请人：

负责人：

请求事项：

申请撤销（   ）前诉前保字第7号民事裁定书确认的保全事项。事实和理由：（财产保全保证金退还申请书）

申请人与被申请人房屋买卖合同纠纷一案，贵院受理后，接受被申请人的财产保全申请，依法作出（   ）前诉前保字第7号民事裁定书，对申请人在松原市中级人民法院执行局的楼房拍卖款____元进行保全。

现因申请人不欠被申请人购房款，且有证据证明。申请人依据《中华人民共和国民事诉讼法》的有关规定，特申请贵院解除对申请人在市中级人民法院执行局的楼房拍卖款____元。

此致

县人民法院

申请人：

____年____月____日

【文本示范五】

财产保全续保申请书

申请人：_____有限公司

法定代表人：

住所地：

被申请人：

法定代表人：

住所地：

申请请求：

请求贵院依法续冻被申请人_____在_____银行股份有限公司开设的银行账户（　　）内存款，保全金额为____元。

事实与理由：

申请人××××有限公司诉被申请人有限公司加工合同纠纷一案，业经人民法院审理终结，并依法作出了（　　）号民事判决书。但因被申请人对一审判决不服，已提出上诉。现申请人在一审时提出的财产保全将到期，且为使判决能够顺利执行，故申请人请求贵院采取保全措施，续冻被申请人在上述银行账内的存款，金额为____元。

此致

_____人民法院

申请人：

____年____月____日

【文本示范六】

财产保全及申请书

财产保全是指人民法院在利害关系人起诉前或者当事人起诉后，为保障将来的生效判决能够得到执行或者避免财产遭受损失，对当事人的财产或者争议的标的物，采取限制当事人处分的强制措施（根据《民事诉讼法》第九十二条、第九十三条的规定，财产保全分为诉讼中财产保全和诉前财产保全；此外，在知识产权法中还规定了诉前行为保全制度）。

一、适用条件是（财产保全具有标的性、从急性、共保性、利害性、有限性）

1. 需要采取诉前财产保全的申请必须具有给付内容，即申请人将来提起案件的诉讼请求具有财产给付内容。

2. 情况紧急，如不立即采取相应的保全措施，可能使申请人的合法权益受到难以弥补的损失。

3. 由利害关系人提出诉前财产保全申请。利害关系人，即与被申请人发生争议，或者认为权利受到被申请人侵犯的人。

4. 诉前财产保全申请人必须提供担保。申请人如不提供担保，人民法院驳回申请人在起诉前提出的财产保全申请。

5. 财产保全限于请求的范围，或者与本案有关的财物。

二、财产保全的措施：

人民法院可以采取查封、扣押、冻结或者法律规定的其他方法。

财产保全申请书

申请人：

被申请人：

请求事项：

说明要求申请保留的财产内容（数额或数量等）、信息

事实和理由：

1. 陈述法律事实、因果关系。

2. 相关证据。

申请人本人提供担保：

特此申请

此致×××人民法院

申请人：签字盖章

_____年_____月_____日

第二十二招 住房公积金存款

【目标对象】

存款目标对象是各地公积金管理中心。

各地政府公积金管理中心属于超级黄金客户群体，滞留资金量极大，非常值得银行大力开发。公积金管理中心属于半事业、半企业的机构，基本会配合银行的产品营销行为。

【使用产品】

1. 委托贷款。公积金管理中心对于公积金贷款都必须委托银行办理，这样，银行可以获得可观的公积金借款人客户资源。办理公积金委托贷款，银行会获得一定的委托贷款手续费。

2. 资金存放。住房公积金管理中心管理的资金量非常巨大，按照法律规定，都必须存放在银行，这会给银行贡献可观的存款。

3. 银行理财。银行通过公积金管理中心可以获得大量的购房人信息，因此可以顺联销售银行理财产品。

【个人住房公积金贷款买房的流程】

1. 初审。由住房资金管理中心对申请人提交的材料进行初步审查，包括申请人资格、贷款额度、贷款期限，初审合格以后，由中心出具抵押物审核评估通知单。

2. 评估。申请人持抵押物审核评估通知单到中心指定的评估机构，对所购买的房屋价值进行评估。经济适用房不需要评估。

3. 审核。申请人持评估机构出具的《评估报告》以及中心要求的初审材料到中心进行贷款审核。如果合格，中心开具住房资金管理中心担保委托贷款调查通知单。

4. 办理担保手续。申请人持住房资金管理中心担保委托贷款调查通知单，按照自己选择的担保方式办理担保手续。如果选择抵押＋保证的方式，保证人应该出具书面的担保函；如果选择抵押＋保险或三人保证的方式，应该到保险公司投保或到担保机构办理委托担保手续。

5. 签订借款合同。

6. 住房资金管理中心与受托行签订委托贷款协议。

7. 借款人直接向住房资金管理中心提出贷款申请，受托行业可根据需要，代为收集借款人申请资料，统一缴住房资金管理中心审核、审批。

8. 住房资金管理中心对每笔贷款金额、期限、利率审批同意后，与受托行签订委托贷款合同。

9. 受托行按照委托贷款合同约定，与借款人分别签订住房公积金委托贷款抵押合同、住房公积金委托贷款质押合同、住房公积金委托贷款保证合同后，办理借款手续。

10. 受托行将贷款直接划入售房方在受托行开立的指定账户。

【存款量分析】

存款量起步在 10000 万元以上。各地方公积金缴存属于强制性的，所以，滞留资金量极为惊人，而且长期使用率不高。

【开发难度】

开发难度较大，需要分行行长介入。

【营销注意】

1. 应维护与公积金管理中心的合作关系，在提高工作效率和服务效率赢得合作方的信赖后，合作方会主动推荐客户到银行办理业务。

2. 对准入办理公积金贷款按揭楼盘项目营销时，应大力宣传公积金组合贷款，客户经理在受理贷款时，同步营销公积金贷款。

3. 积极开展扩面增存活动，拓宽公积金存款增长渠道，同时，积极配合中心加大对缴交大户和欠缴单位的催收力度，提高公积金缴交的及时性和缴交率。

【案例】

公积金委托贷款业务

某银行黄冈分行为进一步强化服务，推动公积金业务健康发展，提升公积金业务对本行业务的贡献。

为树立银行优质高效、方便快捷的社会服务形象，该行在资金归集、提取、个人住房委托贷款等传统业务方面，积极为公积金管理中心和汇缴单位提供全面、优质、专业的金融服务。针对公积金中心存在的问题认真分析，逐一排查，对能够立即整改的督促支行限时整改到位；对涉及系统程序等方面的问题，与技术支持中心等相关部门联系沟通，寻求解决方案。在此基础上，利用各项系统功能已对接和双方客户对象的交叉等便利条件，积极发挥客户、系统和网点优势，运用多种金融手段加强创新合作，进一步提高整体服务环境。并针对该中心资金归集政策强、投资渠道单一等特点，在政策允许的范围内，为公积金资金量身定制单位定期存款等多款产品，努力实现公积金资金的保值增值，促进了互利共赢。

该行分管领导多次拜会公积金管理中心负责人，主要经办行定期上门与中心领导和相关部门沟通，网点客户经理不定期上门就具体拟订合作内容进行深入交流，通过高层交流、中层管理、基层服务，倾力营销，争取政策倾斜，逐步获得该行住房公积金市场份额。还与其他部门联动，对在本行开立基本账户、建立信贷关系或有业务联系的单位进行梳理，实现新增公积金单位的归集，确保公积金资金在该行体内循环。配置专职客户经理，将专职客户经理的营销业绩与住房公积金存款余额市场占比、当年新增住房公积金缴纳单位市场占比、当年住房公积金委托贷款市场占比等指标进行挂钩，调动客户经理的积极性和责任心，促进该项业务良性发展。

第二十三招　重点领域专项账户存款

【目标对象】

存款目标对象是政府机关的专项账户

公安、政法、水利、体育、社保、农委等政府机关，每年都会有一定的财政专项拨款。这类拨款营销的关键就在于信息早，动手早。

【使用产品】

各类政府机构专用存款账户。

【存款量分析】

存款量起步在 2000 万元以上。

【开发难度】

开发难度较大。银行需要在相关部门有一定资源，早发掘信息。

银行客户经理要做个有心人，要高度关注本城市的重点发展规划、重大事项。例如，本地年内准备举办的大型体育运动会，国家及地方财政一定会准备专门的拨款，专项用于此类项目；本地常年发生大水，政府一定会下拨水利专项基金。

【案例】

北京市××区××村路东侧棚户区改造项目存款

《关于××区××村路东侧棚户区改造项目核准的批复》（京发改（核）〔2017〕44 号）

建设规模及内容：建筑控制规模为 160140 平方米（不含地下面积），建设内容为住宅及配套、学校等。

投资估算及资金来源：总投资估算为 333877 万元，全部由北京××置业开发有限公司筹措解决。

【文本示范】

银政战略合作协议书

甲方：×××人民政府

乙方：

为拓宽中小企业融资渠道，加快中小企业发展，构建×××县人民政府和"十二五"战略合作关系，充分发挥政府和银行的整体优势，实现×××经济快速发展和市场份额进一步提高，经双方友好协商，达成如下协议：

第一条 在互利互惠、合作双赢、共同发展的原则下，甲乙双方同意，构建更加紧密、相互信任、不断发展的银政战略合作关系。

第二条 甲方同意按照有市场、有效益、有偿还能力的原则，优先向乙方提供辖内重点建设项目和骨干企业等各项金融活动的相关资源。在同等条件下，对于乙方确认符合信贷投放条件的项目，甲方协调企业优先选择乙方提供的配套金融服务，并在立项审批、投资规划、资本金及地方配套资金等方面给予大力支持，确保双方战略合作的稳定和有效。

第三条 甲方将加强本区域的金融生态环境建设，营造公平竞争金融市场环境，鼓励辖区政府机构择优选择金融机构提供结算服务；在政府职责范围内，协助乙方督促借款人按合同的约定使用贷款并按时还本付息；在借款人不能按时偿还贷款本息时，协助乙方敦促担保人履行担保责任；协助乙方化解甲方辖区内可能出现的不良资产贷款风险。

第四条 甲方积极支持乙方在×××县内拓展各项资产负债业务和中间业务。甲方优先委托乙方承办辖内住房公积金，住房维修基金，社保资金，财政预算内、外资金，企业年金，土地拍卖及其他各类基金的归集、托管与理财服务。

第五条 甲方及时向乙方提供有关×××县国民经济和社会发展规划、产业政策、重大改革的法规规章等方面的信息。在必要的前提下，同意乙方列席甲方及所属委、办、局研究有关项目开发和规划会议，使乙方及时了解和介入项目前期工作。甲方同意乙方以多种形式参与×××县各类项目的前期工作。

第六条　乙方将根据国家宏观经济政策、产业政策、区域发展政策和信贷政策以及×××发展要求，在符合国家相关法律、法规和政策并达到乙方的信贷规章制度和信贷审批条件要求下，＿＿年向×××的民生项目、基础设施项目、电力、交通、教育等产业和中小企业累计提供不低于＿＿＿＿＿＿亿元的金融信贷支持。乙方积极支持的具体项目包括但不限于本协议附件所列项目。

第七条　除上述综合信贷支持外，乙方还将加大对符合相关法律、法规及乙方信贷政策的项目支持力度。乙方将向甲方辖内中小企业和特色产业、招商引资项目提供信贷支持，促进甲方辖内经济结构调整，适度扩大对×××中小企业额度授信审批权限，支持甲方区域内中小企业和特色产业的发展。

第八条　乙方同意充分发挥自身的商业银行综合服务优势和传统业务优势，向甲方区域内客户和项目提供优质金融服务和创新金融产品，包括但不限于财务顾问、融资咨询、结算、资金管理、结售汇、融资租赁、信托理财、资产重组、债券发行与债券承销等。

第九条　甲乙双方本着相互支持、相互信任的原则，加强信息沟通，及时通报有关贷款企业的改制、兼并、重组以及项目建设、市场发展等信息；及时反馈有关金融、信贷方面的信息和政策，共同防范和化解金融风险；对合作中发现的问题积极协商解决。

第十条　为更好地贯彻落实上述协议事项，双方建立联系制度，定期进行磋商，通报和研究有关项目开发、项目评审、贷款发放管理以及金融服务等方面的问题。对需要解决的重大问题确定工作方案，形成会议纪要，并各自负责督促和落实。甲方明确×××金融办公室、×××中小企业融资工作领导小组，乙方明确×××分行为各自联络部门，加强联系，及时沟通信息。

第十一条　本协议未尽事宜，经甲乙双方讨论协商，可签订补充协议。

第十二条　本协议自双方法定代表人（负责人）或授权代理人签字并加盖公章之日起生效。

第十三条　本协议一式肆份，双方各执贰份。

甲方：×××人民政府   乙方：

（公章）   （公章）

负责人（或授权代理人）：   负责人（或授权代理人）：

    年   月   日   年   月   日

第二十四招　银行与税务机构合作拓展存款

【目标对象】

存款目标对象是税务机关、地方税务局。

税务机关属于资金源头型客户，俗称"抽水机"，可以将所有渠道中的资金抽上来，银行应当高度关注。财政也掌握了大数据资源，对哪类企业缴纳税款金额大以及缴纳税款是否及时都有数据可查，这都是银行发展信贷业务的优质客户资源。

【使用产品】

1. 税务收款账户。银行为税务机构开通收取税款专用账户，通过该账户，帮助收取税款。通常，各地税务机构会将收取税款专户进行公示。

2. 重点纳税客户贷款。银行可以对本地的重点优质纳税大户进行营销，提供定向贷款。诚实纳税的企业一定信用较好；纳税较多的企业一定效益较好。

【存款量分析】

存款量起步在 5000 万元以上。

【开发难度】

开发难度较大。税务机构往往属于各家银行的常客，与多家银行打交道，熟悉银行的开发业务思路，开发难度相对较大。

【税务对银行价值】

1. 挖掘客户的黄金渠道。可借助其挖掘诚信纳税单位，地方重点税源单位。

2. 获得大额资金沉淀客户。

【税易贷】

税易贷是银行对按时足额纳税的小微企业发放的、用于短期生产经营周转的可循环的人民币信用贷款，贷款额度最高为 200 万元，期限最长一年，贷款额度在核定的有效期内随借随还，循环使用。

【税易贷的设计理念】

一是基于大数据产品的设计理念，对企业纳税数据进行充分分析，通过信息交叉验证，对企业的经营能力及信用水平进行判断。

二是采取差别化的贷款额度设计，根据不同的区域、税种、客户纳税信用等级、在银行开立基本结算户及纳税账户情况，设置不同的额度上限。

三是实行批量化的营销方式，通过与税务部门合作，批量获取小微企业纳税信息，或针对在银行开立纳税账户的小微企业，进行批量筛选、精准营销。同时，运用小微企业评分卡信贷业务流程，提高作业效率。

【案例】

小微企业"税易贷"业务

为深入贯彻落实国家关于金融服务实体经济、扶持小微企业发展的要求，××地方税务局和××银行××分行决定建立长期稳定的金融合作关系，并签署了小微企业"税易贷"业务合作协议（以下简称合作协议）。

一、提高认识，大力推进"税易贷"业务发展

小微企业"税易贷"业务是基于大数据产品设计理念，通过银行与税务部门合作，由税务部门定期提供年缴纳税额（营业税、所得税、减免税等税项的总和）5万元以上的小微企业名单，由银行主动联系名单内小微企业客户，并进行现场调查企业生产经营情况，筛选出符合国家产业政策、建行信贷政策的小微企业客户，为其提供"税易贷"融资服务等综合金融服务。

各级地税机关、××银行各分支机构要高度重视"税易贷"产品的优势及特点，积极推进"税易贷"业务的发展。各级地税机关要利用信息优势、政策优势、公信力优势及资源优势，批量向当地建设银行分支机构提供小微企业纳税信息，建设银行分支机构要开展批量化营销工作，积极促进"税易贷"业务在当地的大力发展。

二、加强交流，构建定期沟通机制

××地方税务局和××银行××分行建立定期交流会商机制，指定××地方税务局纳税服务处、××银行××分行小企业业务部为双方联系部门，每季度召开一次协调会，分析存在问题，商议解决方案，支持自治区内诚信纳税的小微企业健康持续发展。

各级地税机关、××银行各分支机构要在 8 月底前全部签署合作协议，要比照自治区级模式建立定期沟通机制，确定双方联系机构和负责人，建立联席工作机制，共同研究加强辖内诚信纳税小微企业"税易贷"业务和县域经济金融服务。

三、大力合作，确定"税易贷"目标客户

根据合作协议约定，各级地税机关要定期向××银行分支机构提供优质纳税客户名单，名单信息包括但不限于纳税人识别码、纳税人名称、注册类型、经营范围、征税管理部门、生产经营地址、法人代表、单位和法人联系方式等，详见××银行总行《××银行小微企业"税易贷"业务管理办法（试行）》。××银行各分支机构要通过对客户纳税信息和经营情况分析判断，对符合"税易贷"业务办理条件的客户上门逐户营销，向客户介绍"税易贷"产品办理流程和所需客户提供资料，提高客户营销质量和营销进度，同时要定期向当地地税部门反馈"税易贷"业务融资情况。

四、加大"税易贷"业务宣传力度，提升产品知名度

各级地税机关和××银行各分支机构要加强协调和配合，可以通过在办税大厅摆放"税易贷"宣传资料和召开客户推介会等方式，加强"税易贷"业务培训和宣传活动，让当地小微企业客户全面了解产品的特点和优势，快速提升"税易贷"业务的知名度。

五、加强组织保障，保障"税易贷"业务顺利推进

各级地税机关和××银行各分支机构在"税易贷"业务推进过程中要及时总结经验，从中找出业务亮点、发现业务风险点，为下一步精准营销和业务拓展奠定基础。

各级地税机关、××银行各分支机构在推进过程中如有疑问，请及时与××地方税务局纳税服务处、××银行××分行小企业业务部联系。

××地方税务局××银行××分行

2015 年 7 月 24 日

附件1

小微企业"税易贷"业务纳税证明

申请企业名称				
纳税人识别号		企业法人（实际控制人）姓名		
经办人姓名		经办人身份证件号码		

我单位因办理银行小微企业"税易贷"授信业务的需要，特申请开具年度纳税情况证明，以及最近2年纳税信用情况证明。

经办人签字：　　　　　　　　　　　企业法人（实际控制人）签字：

　　　　　　　　　　　　　　　　　　　　　　年　　　月　　　日

　　　　　　　　　　　　　　　　　　　　　　（企业印章）

一、纳税情况（单位：元）

（一）国税纳税情况

税款缴纳年度	税种	正常申报税额	减免税额	合计
	增值税			
	企业所得税			
	增值税			
	企业所得税			
合计				

（二）地税纳税情况

税款缴纳年度	税种	正常申报税额	减免税额	合计
	营业税			
	企业所得税			
	营业税			
	企业所得税			
合计				

续表

二、纳税信用情况					
近 2 年内纳税信用等级评定结果	□A 级	□B 级	□C 级	□D 级	□暂未有评级结果
企业近 2 年内，是否存在因情节严重或构成犯罪的情形被税务部门行政处罚情况					
三、主管税务部门意见					

国家税务局意见	地方税务局意见
经办人：　　　　　　负责人： 税务部门名称（印章）： 日期：	经办人：　　　　　　负责人： 税务部门名称（印章）： 日期：

附件 2

银税合作协议

甲方：＿＿＿＿＿＿＿＿国家税务局

法定代表人：

地址：

邮编：

乙方：＿＿＿＿＿＿＿＿地方税务局

法定代表人：

地址：

邮编：

丙方：＿＿＿＿＿＿＿＿银行股份有限公司

法定代表人：

地址：

邮编：

为进一步支持小企业及区域经济发展，为小企业提供多样性的专项金融服务，在相互信任的合作基础上，经三方友好协商，达成如下合作协议。

第一条 甲方和乙方作为辖内税务管理部门，丙方作为向辖内企业提供商业性金融服务的机构，三方的合作建立在全面、长期、稳定的基础上，坚持平等协商、独立决策的合作原则，互相信任、紧密合作，共同为辖内的中小企业的发展提供金融服务。

第二条 三方合作旨在搭建"税易贷"金融服务平台，共同为辖内中小企业提供综合融资需求解决方案。

第三条 甲乙双方对所推荐的中小企业的纳税情况进行考察，对于符合丙方贷款条件并向丙方提出贷款申请的企业，甲方、乙方核实该企业完税证明的真实性。甲方、乙方不承担还款或其他任何连带责任，但应对所推荐的中小企业的纳税情况以及企业主信用情况进行监督，如发现重大变化及时告知丙方。

第四条 三方共同积极推进金融服务平台建设，营造区域内依法诚信纳税氛围，并在税务系统内进行深入宣传。

第五条 丙方对甲乙方推荐的企业，按有关信贷政策独立审查并发放贷款；丙方在符合法律法规的前提下，凭借自身具备的专业优势、网络优势以及极具特点的金融产品，为甲乙双方推荐的企业及所属员工提供综合金融服务。

第六条 三方有义务保守国家机密和商业秘密，未经三方同意，不得三方以外的任何人提供或披露涉及合作过程中获知的保密和数据，不论本协议是否变更、解除或终止，本条款均持续有效。

第七条 如遇国家法律、法规或政策变化，三方应及时协商修改有关条款，未尽事宜由三方另行商定。

第八条 本协议自三方法定代表人/负责人（或授权代理人）签字并加盖公章后生效。

第九条 本协议正版一式＿＿＿份，三方各执＿＿＿份。

甲方：＿＿＿＿＿＿＿＿国家税务局

（公章）

法定代表人（或授权代理人）签字：

日期：　　年　　月　　日

乙方：＿＿＿＿＿＿＿地方税务局
（公章）
法定代表人（或授权代理人）签字：
日期：　　年　　月　　日

丙方：＿＿＿＿＿＿＿银行股份有限公司
（公章）
法定代表人（或授权代理人）签字：
日期：　　年　　月　　日

附件3

商业银行"税易贷"资料科目

序号	资料名称	备注
1	营业执照（正副本）	复印件
2	组织机构代码证（正副本）	复印件
3	税务登记证（国税地税）	复印件
4	开户许可证	复印件
5	行业资质证书（如进出口备案文件、印刷、特种行业经营等）	复印件
6	公司章程	
7	验资报告或资本来源证明	
8	董事会或股东会同意申请授权的决议书	
9	法定代表人、实际控制人、主要股东及其配偶身份证及婚姻证明	
10	近2年财务报表年报及最近一期财务报表月报	
11	授信资金用途证明、包括但不限于有效的购销合同、订单或其他经济商务合同书、招投标协议书等	

续表

序号	资料名称	备注
12	企业申请授信月份前 12 个月主要资金流转账户流水	
13	上年度及最近 6 个月纳税证明	
14	法定代表人、实际控制人履历表	
15	近 6 个月水电气缴费凭证	商贸、流通、服务型企业水电气使用与生产经营关联较小的，可不提供水电气缴费凭证；生产型企业根据水电气使用实际情况，至少提供一类佐证生产经营情况的缴费凭证
16	企业及其法定代表人、持股比例20%以上的股东、实际控制人（包括配偶）资产负债证明以及其他收入证明	资产证明包括但不限于房产证/房屋购买合同、车辆购买发票或行驶证明、机器设备购置合同或发票、定期存单、借款合同等；其他收入证明包括股票、基金持有证、房屋出租合同等
17	征信查询授权书	必须本人签署
18	申请贷款前近 2 年度税务部门打印的增值税、营业税、企业所得税完税证明、企业纳税信用等级证明材料	
19	其他本行认为必要的材料	

第二十五招　地方交通厅大额存款

【目标对象】

存款目标对象是地方交通厅。

地方交通厅设立了很多专营交通公司，具备一定的市场属性，银行可以积极开发这些客户。客户对大额融资需求极为旺盛。

【使用产品】

1. 供应链融资。银行以交通厅作为核心客户，立足于营销开发施工企业、交通系统的材料供应商。

2. 项目贷款。银行对政府交通项目的大金额项目贷款需求，银行可以根据自身资金状况，提供大金额的项目贷款。

3. 监管账户。银行对交通项目的建设资金提供监管服务，协助监管大宗的项目建设资金。

4. ETC 卡。银行对驾驶员客户提供 ETC 卡，可以获得可观的理财销售机会。

【存款量分析】

存款量起步在 50000 万元以上。

【开发难度】

开发难度较大。交通厅属于资金高度密集的客户，需要能深入开发的资源。

[地方交通厅开户一般流程]

1. 市公共资源交易中心公开招标。

2. 中标银行公布。

3. 中标银行开户。

4. 交通资金存入。

附录　立金银行培训中心营销口诀

立金客户经理营销三字经：

多出门，少窝家。走出去，有客户。待在家，成废品。
见客户，盯存款。找客户，先感情。蓄人情，后业务。
人再忙，学产品。酒少喝，贷猛投。票证贷，多组合。
做表外，要存款。做表内，要利润。此两项，要记牢。

立金寻找客户口诀：

多拜访，勤联系，走出门，客户来。
选客户，要精准，依指引，看审批。
上网站，查报纸，找信息，建名单。
铁、公、基，油、煤、矿，医、学、市，钢、车、交。
主业强，要选择，多元化，要慎重。
舍规模，重经营，选行业，看资金。
中端好，多产品，交叉销，效益佳。
大客户，人脉优，小客户，产品全
新产品，要尝试，忌功利，图长远。

立金申报授信口诀：

报授信，忌单一，多产品，成套餐。
巧组合，建层次，好客户，深挖掘。
控用途，开银承，锁还款，做保理。
要利润，放贷款，要存款，开银票。
交叉销，黏客户，做流水，关系固。
放贷款，要封闭，稳客户，要结算。
经销商，少贷款，多票据，做贸融。
制造商，长短配，票贷配，收益丰。

立金小客户（制造类）授信规律：

小制造必专业，靠大户做配套。
或保理或保贴，回款户要指定。
看核心定融资，定期限控用途。

有授信必代发，要流水通知存。

风险高防挪用，严贷后忌失责。

立金施工类企业授信规律：

选客户看专业，油、电、铁、路、房、基。

报授信，保函重，贷款轻，搭配票。

先投标，搭资信，交叉销，揽工程。

后履约，预付款，要定金。

前开票，后贴现，要存款，看上游。

立金高速公司授信规律：

短流贷、项目贷、开银票，组合给。

多产品，接续用，固关系，忌单一。

做授信，能授权，指挥部，办业务。

融资畅，做信托，发短券，发中票。

立金城投企业授信规律：

先贷款，再信托，后保理，全套融。

拆迁款，要代发，批量卡，储蓄来。

搭配票，做上游，要专户，存款有。

过桥贷，补资本，项目贷，保建设。

立金电力公司授信规律：

用商票，付煤款，代理贴，省成本。

做上游，用保理，控风险，靠电网。

立金医疗行业授信规律：

厂商医，药厂强，医院大，药商弱。

厂商链，保兑仓，买方贷，助销售。

商医链，用保理，锁回款，慎贷款。

大医院，签商票，配流贷，项目贷。

小医院，借租赁，封闭融，要结算。

立金民营企业授信规律：

用商票，收益高，防挪用，做上游。

易营销，响应快，重利益，看实际。

经销商，周转快，循环票，全额票。